易中天

中華史

祖先

商務印書館

本書由杭州果麥文化傳媒有限公司授權本公司在香港澳門地區出版發行

中華史第一卷
祖　先

作　　者：易中天

學術顧問：陳　勤

責任編輯：徐昕宇

封面設計：張　毅

出　　版：商務印書館 (香港) 有限公司
　　　　　香港筲箕灣耀興道 3 號東滙廣場 8 樓
　　　　　http://www.commercialpress.com.hk

發　　行：香港聯合書刊物流有限公司
　　　　　香港新界大埔汀麗路 36 號中華商務印刷大廈 3 字樓

印　　刷：美雅印刷製本有限公司
　　　　　九龍觀塘榮業街 6 號海濱工業大廈 4 樓 A

版　　次：2013 年 7 月第 1 版第 1 次印刷
　　　　　© 2013 商務印書館 (香港) 有限公司
　　　　　ISBN 978 962 07 4482 2
　　　　　Printed in Hong Kong
　　　　　版權所有　不得翻印

當篝火燃起，夜幕降臨，登上祭壇
　　的是掌握了生死機密的蛙女神。
瘋狂的盛宴過後，父系氏族的日出
　　時分正悄然到來。

目錄

人之初，性本性。
夏娃騎上劍齒虎閒庭信步，完成與神的合謀。

第一章

夏娃造反

創世

夢中驚醒後，女媧開始造人。[1]

說不清那是早晨還是黃昏。天邊血紅的雲彩裏，有一個光芒四射的太陽，如同流動的金球包在荒古的熔岩中；另一邊是月亮，生鐵般又白又冷。二者之間，是忽明忽滅的星星，和來歷不明的浮雲。

女媧卻並不理會誰在下去，誰正上來。[2]

女媧是一隻大青蛙。[3]

不對吧？女媧不是蛇嗎？在《山海經》，在畫像石，女媧和伏羲一樣，都是“人首蛇身”。而且他們的蛇尾還纏繞在一起，分明是準備傳宗接代的意思。[4]

表面上看，這沒有錯，因為蛇可以變成龍，蛙就不行。

如果女媧是蛙，"龍的傳人"豈非成了"蛙的傳人"？

女媧怎麼會是蛙？又怎麼可能是蛙？

因為她原本是蛙。

變成蛇，是有人暗地裏做了手腳。時間，不晚於漢。

◎漢武梁石室畫像
女媧的名字，最早出現於《楚辭·天問》，但沒有說是蛇還是蛙。所謂"人頭蛇身"的文字記載，最早見於東漢王逸的《楚辭章句》；圖畫形象，最早見於漢畫像石。可見女媧是蛇，應為漢代的說法，並無原始依據。

媧，今人讀"蛙"，古人讀"呱"，正是青蛙的聲音。[5]可見媧就是蛙，女媧就是女蛙，只不過是偉大的、神聖的、創造生命的蛙。這樣的神蛙或聖蛙，當然不能寫成青蛙的"蛙"，必須特別創造一個字，專門用在她身上。儘管我們還沒有發現這個字的甲骨文或金文，但在南太平洋巴布亞新幾

◎大洋洲巴布亞新幾內亞魚鳥蛙形人物檳榔樹皮畫
此圖中的形象，均為生殖崇拜象徵。其中魚、蛙、花象徵女性生殖崇拜，鳥象徵男性生殖崇拜，詳見本卷後面幾章的論述。此圖主體形象是蛙人，可看作"大洋洲的女媧"。

內亞的蛙人圖上，卻可以依稀看見她當年的風采。

這，又哪有一丁點蛇的影子？

相反，女媧是蛙，卻像古埃及的荷魯斯是鷹一樣無可懷疑。更何況，是蛙才可能造人。龍和蛇，都不會。

但，女媧造人，跟上帝不同。[6]

上帝造人是一次性的。在創造世界的最後一天，上帝先用泥土造了亞當，又用亞當的肋骨造了夏娃，然後把他們安頓在伊甸園，就完成了所有的工作。之後，是休息。哪怕他倆不聽告誡，被蛇誘惑，偷吃禁果，犯下原罪，也不管。

顯然，上帝造人很輕鬆，甚至有點漫不經心。

女媧就辛苦得多。她先是用黃土和泥，把人不分男女地單個捏出來。後來實在不堪重負，才扯下一根藤條沾上泥漿甩。但即便如此批量生產，也不得休息。她還要向神申請媒人的職位，以便幫人談婚論嫁。甚至光榮退休以後，還得重新出山拯救苦難。某年，她的子孫中一個名叫共工的傢伙鬧情緒，一頭撞斷了擎天柱不周山，結果天崩地裂，水深火熱。女媧只好挺身而出，煙燻火燎地煉石補天，奮不顧身地斷鰲足為柱，這才讓世界恢復正常，讓人類重歸安寧。

奇怪！女媧為甚麼要忙個不停，又一管到底呢？

很簡單，女媧不是造物主，不是創世神。創世神只需要揭開序幕，造出一男一女，就可以不聞不問，一切皆由被創造者好自為之，或咎由自取。可惜女媧不是。除了人，天地萬物都不與她相干，就連做媒也要別的神批准。難怪《楚辭·天問》會質疑：女媧有身體，她是誰造的？[7]

問得好！因為這其實是在問：世界是誰創造的？誰才是終極創造者？

抱歉，無可奉告，因為我們沒有創世神。盤古，只是分開了原本就有的天地；混沌，則是被開竅的。他們都不是創造者。真正的創造者是"道"，或者"易"。道，倒是跟上帝一樣無象無形，但可惜沒動手，也不是神。《周易》的"易"，就更沒有"神格"。

也就是說，終極創造者缺位。

沒有終極創造者，或者終極者沒有神格，是中華文明的一大特點。它對三千七百年命運和選擇的深刻影響，以及成敗得失是一個必須慢慢道來的話題。現在能肯定的是：在世界神話的譜系裏，女媧不是第一個神，甚至不是第一個女人。

第一個女人是誰？

夏娃。

女媧的前身

夏娃是女媧的前身。

女媧有前身嗎？有。因為她是母親，或母親神。她的造人，她的做媒，她的補天，都意味着母親的偉大和慈愛。我們並不知道她造了多少人，又造了多少天，先造男還是先造女。這些問題，都沒人能回答，也沒人去關注。因為對於母親來說，生男還是生女，先男還是先女，都一樣。反正有了頭胎就會有二胎，生夠了算數。既然如此，管它做甚？無所謂。

人，總是先成為少女，再成為母親的。因此，女媧必有前身。

但為甚麼是夏娃？她倆夠得着嗎？

　　夠得着。讀音接近倒在其次，更重要的是心靈的共通。實際上，自從人在自己的世界裏睜開了眼睛，一個巨大的問號就懸掛在他的頭頂：我是誰？我從哪裏來？要到哪裏去？

　　這是必須回答的。作為地球上唯一具有自我意識的物種，人類需要這樣一種解釋、慰藉和安頓。無此交代，我們將心神不寧。

　　這個交代，就叫"身份認同"。

　　身份認同是一個永恆的話題。它表現為現實，表現為歷史，也表現為神話。實際上，作為世界各民族都有的文化遺產，神話和傳說決非碰巧的偶然存在。人類創造它們，無非是要藉助神和神話人物，弄清來歷，記錄歷史，回答問題。有此履歷和檔案，焦慮才會克服，衝動才能滿足，身份的認同才有了可能。

　　有此認同，我才是我，我們才是我們。

　　創世神話，就這樣不由自主地產生。因此，它們決不是茶餘飯後的街談巷議蜚短流長，而是民族的信念和信仰。這樣的神話，我們民族一定有過，麻煩僅僅在於失傳。或者說，被有意刪除，就像給女媧動了手術。

　　也只能借雞下蛋，或借殼上市。

　　好在人就是人。尤其是在原始時代，世界各民族的思路、模式和方法論，大同小異，如出一轍。幾乎所有的創世神話，都在重複虛構，而且驚人地相似。比方說，中國和西方的神話都認為，世界上原本沒有人，人是被創造出來的。造人的材料都是泥土，創造者也都是神。

神話，是世界範圍的集體夢幻。

這就可以資源共享。比方說，把夏娃看作地球上第一個女人。

可惜夏娃也有麻煩。

夏娃的麻煩在於，她是世界上第一個女人，卻不是第一個人。第一個人是亞當，夏娃卻是用亞當的肋骨創造的。女人跟男人的肋骨，又有甚麼關係？作為上帝的創造物，夏娃為甚麼要跟上帝作對？作為亞當的肋骨，她又為甚麼要去誘惑亞當？亞當的肋骨誘惑亞當，豈非自己誘惑自己？

這是一個"達芬奇密碼"。

密碼套着密碼，疑雲罩着疑雲。過去我們只知道女媧來歷不明，現在看來夏娃也履歷不清。她們之間存在着某種神秘的關係，卻反倒可以確定。甚至她們承擔的文化角色，還會一脈相承。

因此，必須偵破此案。

其實這並不難。答案遠在天邊，近在眼前，關鍵在於我們能不能真正走進作案現場——伊甸園。

謎底，也許就藏在那園子的某個洞穴裏。

走進伊甸

　　伊甸園，在東方，有人說它就是中國新疆和田。和田古名于闐。于闐，伊甸，讀音相同，沒准是同一個地方。更何況，那裏還有一棵巨大的無花果樹。亞當和夏娃遮身蔽體的葉子，就是從那棵樹上扯下來的吧？

　　這當然是姑妄言之，也只能姑妄聽之。其實，伊甸園可以是空間概念，更可以看作時間。或者說，世界上也許並沒有甚麼“伊甸園地區”，卻未必沒有“伊甸園時代”。

　　問題僅僅在於，它是甚麼時候？

　　心智初萌的小兒時節。

　　人類文明的標誌，是國家的誕生；人類社會的發展，則有一個複雜而漫長的過程。簡單地說，是從分散的、弱小的、各自謀生的小族群，通過遷徙、兼併、繁衍和擴容，由點到面，到片，到圈，到國。國就是國家。國家之前是部落聯盟，這就是圈；圈之前是部落，這就是片；片之前是氏族，這就是面；面之前是原始群，這就是點。這些類型，是組織形式和社會形態，也是歷史階段，因此都該有神話傳說中的代表人物。比方說，代表國家誕生的是夏啟，代表部落聯盟的是堯舜，代表部落的是炎黃，代表父系氏族和母系氏族的則分別是伏羲和女媧。

那麼，代表原始群的是誰？

夏娃，也只能是夏娃。

這似乎不對，也不爽，但沒有辦法。文化符號是要有內涵的，其中必須有密碼。女媧造的人，不管是捏出來的還是甩出來的，有內涵有密碼嗎？沒有，甚至沒有性別。他們也沒在伊甸園待過，無法成為我們的嚮導和線人。

夏娃卻一身是謎。

比如上帝造夏娃，為甚麼不再用泥土，卻要從亞當身上卸下一根肋骨？有人說是為了表示"男人的一半是女人"。好的，就算是吧，那為甚麼不能先造夏娃，再用夏娃的肋骨造亞當？女人的一半也是男人呀！

這樣問，是問不出名堂的。正確的方法，是倒過來推理。

怎樣倒推？

看結果。

上帝這樣造人的結果是甚麼？是夏娃在伊甸園大造其反，惹是生非。受蛇誘惑的是她，偷吃禁果的是她，慫恿亞當也犯下原罪的還是她。這一點都不奇怪。夏娃在伊甸園，原本就是異性，也是異類。亞當被造在先，她在後；亞當的原材料是泥土，她是肋骨；亞當是男人，她是女人。夏娃與亞當，既不同時，也不同質，還不同性。若不招惹是非，才是怪事！

這就讓人起疑。

上帝，為甚麼要多此一舉地造出這麼個"狐狸精"？難道全知全能的主，竟不知道她遲早是要顛覆伊甸園的？

還有誘惑夏娃的那條蛇，又從哪裏來，是甚麼玩意兒？如果也是上帝所造，則無異於創造了罪惡；如果是別處混入，則無異於縱容了罪惡。創造也好，縱容也罷，上帝並不全善；如果蛇的混入上帝並不知情，則不全知；如果知情而不能阻止，則不全能。既不全知，又不全能，還不全善，則上帝何以為之神？[8]

諸如此類的問題，不勝枚舉。但有一點卻很靠譜，那就

是亞當和夏娃吃下智慧果，變得"心明眼亮"以後，便立即
慌亂起來。他們的第一反應，竟是用無花果葉發明了人類第
一條三角褲。

　　是甚麼讓他倆驚慌失措？是那赤裸的身體么？

　　正是。

　　很好！秘密也就在此。

為甚麼是裸猿

亞當和夏娃扯下無花果葉的那一刻，是全人類的"人之初"。

太陽依舊是暖洋洋的。風在林間穿梭，並沒有傳播小道消息。花兒興奮或寂寞地開放着，魚們都不説話。劍齒虎慢條斯理地閒庭信步，照例驚起草叢中的山雞。一切都沒變，變了的只有人。

是啊，人類是那樣的與眾不同。鳥有羽，獸有毛，魚有鱗，龜有甲，幾乎所有的動物都衣冠楚楚。唯獨人，除了頭部、陰部和腋下，基本裸露，寸草不生。難怪英國動物學家莫里斯，要管人類叫"裸猿"。這樣的猿，確實獨一份。

人，你這樣一絲不掛地鶴立雞群，不孤獨嗎？

這確實是個問題。

實際上，人類原本跟其他靈長目動物一樣，也是渾身長毛的。靈長目，分三科：猴、猿、人。猿科與猴科的區別，是無尾；人科與猿科的區別，是無毛。無毛，無尾，卻有皮下脂肪，這在一百九十多種靈長目動物中，是唯一的例外。

就連其他"裸友"，在現存的四千二百多種哺乳動物中，也為數不多。它們是少數非同一般的龐然大物，比如犀牛和大象；掘地三尺的潛伏特工，比如鼴鼠和犰狳；翻江倒海的水中健兒，比如河馬和海豚。但統統加起來，也是"少數民族"。何況犀牛和大象還是有尾巴的。更何況這些裸體動物的生存環境和生存方式，跟人類還是那樣的不同。

其實有條尾巴也不錯，比如《阿凡達》裏面潘多拉星的納威人。但所有的猿，大猩猩、黑猩猩、長臂猿，都沒尾巴，也沒有頰囊。所有的人，包括外星人，也都沒有毛，比如納威人和 ET。這當然是地球人的想象。但天才的卡梅隆寧肯讓他們長尾巴，也不讓他們長毛，可見裸體的重要。

這就需要強有力的正當理由。

對此，科學界也有種種假說。[9]比較靠譜的說法，是我們曾經下海。也就是說，森林猿在變成平原猿之前，先變成了海洋猿。這就能解釋，為甚麼人類跟鯨和海豚一樣，無毛而有皮下脂肪;為甚麼我們可以在水中遊刃有餘,黑猩猩卻只能望洋興歎。

就連流線型體型和直立行走的姿勢,也都能得到合理的解釋。

可惜這種假説,至今未能得到考古學的支持。沒有化石,一切都是猜想。就連莫里斯自己的解釋,也未必站得住腳。按照他的説法,人類從毛猿變成裸猿,是為了在狂奔之時快速降溫,以便與那些動物界的職業殺手逐鹿中原。因此,必須露出皮膚,增加汗腺。

人,不是要做脱衣舞娘,而是要當運動健將。

這當然很歷史唯物主義。但,為甚麼那些同樣面臨生死存亡的動物,包括狩獵的獅和虎,逃命的兔和鼠,都不必多此一舉,唯獨人類需要?難道僅僅因為我們原本生活在森林,是平原上的外來戶?

找不到原因,就只能看結果。知道後果如何,就能推出犯罪動機。那麼,裸猿毅然決然地脱掉那一身裘皮大衣,又得到了甚麼好處?

變得性感。

任何有過正常性生活的人都知道,赤身裸體和衣冠楚楚,哪一種更能給人性的刺激。《阿凡達》裏的納威人光着身子,就因為他們也要戀愛並做愛。但這跟我們的問題有甚麼關係呢？難道偷吃禁果之前，亞當和夏娃是長毛的？

　　嘿嘿，難講。

　　實際上，要解開這個謎團，必須先回答兩個問題。一，變成裸猿以後，人是不是變性感了？這是事實判斷。二，性感對人類的文化和文明，有沒有哪怕是負面的作用和影響？

　　這是價值判斷。第一個問題必須先回答。因為沒有事實判斷，價值判斷就等於零。

與上帝合謀

事實是毋庸置疑的。

人，肯定是地球上性能力和性快感最強的物種。人類不像其他哺乳動物還有發情期，反倒隨時隨地都可以想做就做。次數的頻繁，姿勢的多樣，感覺的欲仙欲死，動作的花樣翻新，更是讓動物們望塵莫及。莫里斯說，男人的陰莖勃起時，會雄踞靈長目動物之首；雌性的性高潮，則為人類所獨有。相比之下，黑猩猩的那玩意兒只能算作小釘子；狒狒的交配時間則超不過十秒，哪能有高潮？

當然，即便只有幾秒，雄性動物也至少會有射精的快感。這顯然是為了保證它們時刻處於戰備狀態，同時也是對它們良好表現的犒勞和獎賞。

雌性動物卻不會"為性交而性交"。對於它們來說，性不是"生活"，而是"任務"，即懷孕的條件和必須。因此，它們只在發情期交配，並且會沒臉沒皮地勾引雄性，貪得無厭地接受插入。但這不是性慾旺盛，只是為了增加受孕機會。所以，母猴們往往對公猴的表現無動於衷。而且一旦交配結束，便若無其事地一走了之。顯然，它們沒有"超越生育目的"的性關係，只有生殖。[10]

只有生殖，也就沒有性。沒有性，便不需要性感。性感既然只屬於人，那麼，它就是人性。

人之初，性本性。

事實上，性感就是性別的美感，同時也是性愛的快感。

快感也好，美感也好，所有的可能都來自人猿之別，甚至就是對革命成果的直接享受。

比如直立。

直立使男女雙方面對面時，性信號區和性敏感區，包括可以傳情的眉目，準備接吻的嘴唇，能夠撫摸的乳房，終將緊密結合的生殖器，都一覽無遺；也使人類能夠面對面地性交，並在做愛時凝視和親吻對方。當然，還可以自由地變換各種姿勢和體位，這可比只能從背後插入爽多了。

還有用手。

沒有一雙靈巧的手，擁抱和撫摸，前戲和後戲，便都不可能。但如果沒有體毛的脫去，皮膚的裸露，所有這些都將大為遜色。你能想象兩個毛茸茸的人抱在一起是甚麼感覺嗎？取暖倒是合適，做愛就不好說。

直立、用手、裸露皮膚，人類進化這三大成果，使性變成生活。

現在我們知道，上帝造人為甚麼分了兩次，又使用兩種材料了。因為人的進化是分階段的。從猿，到類人猿，到類猿人，再到人，是一個漸進的過程。質變，則是由"正在形成的人"，到"完全形成的人"。

亞當就是前者，夏娃就是後者。夏娃肯定是裸猿。至於亞當，是毛猿還是半裸，無可奉告。

但，"類人"與"人類"，界限分明。

完全成人的標誌是有了意識，這表現為偷吃禁果，心明眼亮。完全成人以後就必須告別自然界，這表現為逐出樂園，自己謀生。初步成人靠自然，因此泥土造亞當；完全形成靠自己，因此肋骨造夏娃。至於那條蛇，則其實是藏在人類內心深處的，所以上帝管不了，也不能管。

這是人與神的一次合謀。

問題是，為甚麼只能是亞當的肋骨造夏娃，不能是夏娃的造亞當？

因為只有夏娃，才能邁出革命性的關鍵一步。

這一步，就是從生殖到性。

第一次革命

　　生殖變成性，是從猿到人的一個重要轉折。它的意義，絕不亞於人類歷史上任何一次革命。

　　領導和發動這次革命的，是夏娃。

　　道理很簡單：動物之所以沒有性，完全因為雌性沒有生殖以外的交配需求。不難想象，如果它們也有"無關生育的性慾"，自然界就會有妓院了，只不過性工作者會是雄性。

　　顯然，我們不能指望亞當來革命，他也革不了。從生殖到性，真正發生了變化的，只可能是女人；起着決定作用和關鍵作用的，也只可能是她們。所以，蛇要引誘和能引誘的，必定是夏娃。夏娃接受蛇的誘惑，則說明她覺得男人那東西挺好。或者說，女人已經有了"性趣"。

女人解放，人類也就解放了。

事實上，女人如果沒有性的愉悅，她們就不會在沒有生育需求時，也對男人的要求說 OK。同樣，也只有在女人體驗到性高潮，至少體驗到性快感，而且有了性衝動和性需求時，交配才變成了做愛。這時，男人體驗到的快感，跟他充當雄性動物之日，堪稱天壤之別，完全兩樣。

由此帶來的第一個結果，是人類對性生活興趣盎然，樂此不疲。第二個結果，則是女人在一段時間內，只願意跟某個男人做愛，反之也一樣。這在女人是相對容易的，對於男人則比較困難。於是上帝只好親自出手，讓伊甸園裏那條蛇失去了翅膀。其中的文化指令十分明確：不得花心！

但這不能傻乎乎地歸結為"永恆的愛情"。

愛情從來就不永恆，也很難永恆，與婚姻更沒有必然聯繫。事實上，原始時代的男女這樣約束自己，一開始可能是兩情相悅的愛情，後來就是冒名愛情的婚姻。這裏面，無疑有着實用和功利的考慮。一個直截了當的原因是社會分工：男人必須狩獵，女人必須看家。結果是，女人不能任由男人在外尋花問柳，自己和孩子則飢腸轆轆，嗷嗷待哺；男人也不能容忍自己歷盡艱辛帶回戰利品，卻在家裏看見了"她的他"。

所謂"對偶關係"，就這樣形成了。

與之相適應或相配套的生理變化，是女人即便懷孕，甚至在月經期，也能接受並滿足男人的求歡。因為讓男人長期性飢渴，顯然是不現實的。所以，女人必須對自己的身體做出調整，以免愛情或婚姻崩潰；而當女人能夠這樣調整時，人類距離動物便已經十萬八千里。

此時的伊甸園，堪稱天翻地覆。

起先是生殖變成了性，然後是性變成了愛情。再然後，愛情異化為婚姻，婚姻產生了家庭，家庭構成了氏族，氏族變成了部落和部落聯盟，最後又產生了國家。

我們原來的那個猿群，也就在這不知不覺中變成了社會。

這一切，又都因為女人。起先是夏娃，然後是女媧。

夏娃是少女時代的女媧，女媧是成熟階段的夏娃。夏娃變成女媧，就是蒙昧時代過渡到了野蠻時代。這個新時代是以製陶術為開場白的，正如蒙昧時代的標誌性成果是吃魚和用火。有了火，長夜不再漫長。有了製陶術，文化就能留下足跡。因此，我們很快就會在那些荒古的陶器上，看見女媧的微笑。

值夜班的貓頭鷹，可以歇息了。

黎明的天空曙光初現，晨星猶在，月色朦朧。功成身退的夏娃目送女媧絕塵而去，並見證她作為中華民族的偉大女神，橫空出世，一鳴驚人，光芒四射地站在風起雲湧的黃土高坡。

生與死，秘密都在女人。
女媧變成蛇，是世界性和歷史性的錯亂。

第二章

女媧登壇

死對頭

　　重見天日的女媧，樣子並不好看。

　　這裏説的"女媧"，在歐洲被叫做"維納斯"。她們是一些考古發現，即原始民族塑造的母親神像。其中最古老也最有代表性的，一件是法國出土的淺浮雕，叫"洛塞爾的維納斯"；另一件是奧地利出土的圓雕，叫"溫林多夫的維納斯"。歲數，都在二萬五千年左右。

　　後來，越來越多的"維納斯"在世界各地相繼出土，以至於在法蘭西西部到俄羅斯中部之間，形成了一條延綿 1100 英里的"維納斯環帶"。

　　當然，這是西方人的命名。如果願意，也可以叫"洛塞爾的女媧"，或"溫林多夫的女媧"。咱們自己的"維納斯"，則在山海關外的紅山文化遺址出土，一共兩件，年齡大約五千多歲。

抱歉打擾了，老奶奶們！

喚醒這些女媧或維納斯的，不是王子之吻，而是考古隊的鋤頭。而且，她們也實在不好意思叫做睡美人。沒錯，這些神像無一例外地都是裸體女人，乳大、臀肥、性三角區線條明晰，卻一點都不性感。她們或者面目模糊，或者表情呆板，或者頭部低垂，或者雙臂萎縮，或者腹部隆起，或者全身肥胖，或者雙腿變成了一根棒子，根本就沒法跟古希臘那

◎洛賽爾維納斯

◎溫林多夫維納斯

◎萊斯皮格維納斯

◎科斯丹尼維納斯

◎加加里諾維納斯

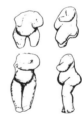
◎遼寧喀左東山嘴陶塑女像

斷臂的維納斯相提並論。

至於咱們那兩位老祖母，乾脆就是孕婦。

顯然，這不可能是性愛之神夏娃，只可能是母親之神女媧。乳大，意味着奶多；臀肥，意味着善育；性三角區線條明晰，則意味着孩子從那裏出生。安納托利亞的一尊撒塔爾·胡尤克女神像，就明明白白是在分娩。是啊，豆蔻年華體態玲瓏的待嫁少女，在遠古時代其實並不招人待見。史前藝術家們情有獨鍾的，是強健壯碩能懷孕會生育的母親。[1]

不過也有例外。

例外在摩爾達維亞地區的維克瓦丁茨發現，是一尊屬於晚期庫庫泰尼文化的黏土小塑像，全身赤裸，兩腿修長，腰肢纖細，陰部明晰，十分性感。但這位在小女孩墓中被叫醒

◎摩爾達維亞的維克瓦丁茨墓地黏土小塑像，俗稱白夫人。

的女神，卻由考古學家命名為"白夫人"。她的造型，則解釋為"躺在那裏等待埋葬"。[2]

沒錯，她就是死神。

死亡女神，是女媧和維納斯們的"死對頭"。

死對頭當然得是另一種樣子。但生育女神肥胖臃腫，死亡女神身材曼妙，卻實在讓人大跌眼鏡。原始人，為甚麼要這樣塑造他們的女神，弄得"生不如死"呢？是審美觀不同，還是價值觀相異？難道美麗是危險品，粗笨反倒是可靠的？或者我們眼中的性感魅力，對他們毫無意義，還必須敬而遠之？也許，他們就像湯加人，以胖為美。也許，他們當中早夭的少女，從來就不曾有過身孕。這都是有可能的。一個少女好不容易才長大成人，還沒來得及做母親就死於非命，請問還有比這更讓原始人無法接受的嗎？

那好，死神就該是這副模樣。

死神曼妙身材的背後，是深深的恐懼。是啊，誰能承受入墓前的戰慄，誰能想象不再醒來的長眠？[3]何況那時的人類多麼弱小，死人的事是經常發生的。自然的災難，意外的事故，野獸的傷害，敵人的攻擊，片刻之間就會奪人性命。誰都不知道性感美麗的死亡女神，甚麼時候會拋來媚眼，送去飛吻。[4]

親人屍骨前，是流乾的淚水；突然襲擊時，是無助的目光。然而也就在一次又一次的哭泣之後，理性的精神也在升騰：哭是沒有用的，怕是不必要的，重要的是想方設法活下來，並把種族延續下去。

置於死地而後生。喪鐘敲響之時，號角與戰鼓齊鳴。原始人下定決心，要跟死神打一場拉鋸戰。

女媧誕生了。

靈魂是個流浪漢

女媧誕生於一個不解之謎——死亡。

實際上，自從心智初開的人類意識到自己終有一死，這個問題就一直在困惑着他們。人既然活着，為甚麼要死，又為甚麼會死？人死以後，到哪裏去了？他是在到處流浪，還是已重新定居？不辭而別的他，還會回來嗎？

這其實是在問：甚麼是死亡？

對死亡最直截了當的理解，當然就是"我沒了"。但，"我"怎麼會沒了，又怎麼能沒了？"我沒了"這件事，我知道嗎？如果我知道，那麼我還在；如果不知道，又怎麼證明沒了的是我，不是別人？這可是無論如何都想不通的事。

結論也只有一個：我還在，只不過換了地方。

　　換地方是可以的，也是可能的。在原始人看來，魚、鳥、蛇、牛，當然還包括人，都有靈魂。肉體，就是靈魂寄居的地方。既然是寄居，就有可能搬家，因為帳篷總會被拆掉。肉體拆遷就是死，靈魂搬家就是轉世。或者說，死亡就是靈魂從一個地方遷徙到另一個地方，就像遊牧民族的轉場。

　　靈魂是個流浪漢，命運叫他奔向遠方，奔向遠方。

　　萬物皆有靈，靈魂可轉世，這就是最原始的人生哲學。當然，怎麼轉，是轉到冬窩子還是夏牧場，是立地成佛還是做牛做馬，要到很久以後才能由宗教來回答，原始人並不知道。他們只知道，如果靈魂不過是換了地方，那我就沒死。

　　很好！這足以對付死亡，戰勝對死亡的恐懼。因為它意味着一種信念：人其實是永生的。肉體可能會消失，但靈魂不死；個體可能會倒下，但族群不亡。族群的、集體的、類的生命，將不斷延續下去。反正一個靈魂離開了故土，就會馬上找到新居。因此，死亡不是生命的終結，而是開始。

　　這就要做兩件事，一是安頓，二是禮讚。

　　被安頓的是逝者。舊石器時代的尼安德特人（早期智人）和山頂洞人（晚期智人）都有墓葬，也都有隨葬的工具、食物，乃至首飾。這意思也很清楚：靈魂既然上路，就得帶點乾糧；逝者也其實沒死，隨時都可能活過來。這就要有隨葬品，甚至做成木乃伊，或者由巫師招魂。反正，葬禮是必須的。古埃及貴族的墳墓裏，甚至會有上好的葡萄酒，以便他們開懷痛飲，或舉辦酒會。

禮讚的對象則首先是女人。女人是生命之源，是靈魂新居的建設者和創造者，而且最不怕死，至少不怕流血。她們每個月都要流血，也沒死。哪怕生產的時候要出血，也不過是讓新的生命接受了一次特別的洗禮。

顯然，生與死，秘密都在女人身上。

也就是說，只有女人，才掌握了人世間的"一號機密"。

這就必須禮讚，必須崇拜，必須用雕塑、繪畫、搭建祭壇等方式，把女人和女性生殖器特別地製作出來。最著名的例子，有雲南劍川的"阿央白"，紅山文化遺址的祭壇，以及大批的"維納斯"和少量的"白夫人"。母親之神多死亡之神少，並不奇怪；前者醜後者美，則也許是反其道而行之。土家族，不就是婚禮時泣不成聲，謂之"哭嫁"；葬禮時手舞足蹈，謂之"跳喪"嗎？

因此人類最早的神，清一色地都是女神。[5]

愛琴海地區的米諾斯文明，更是以女神為中心。有一枚克里特的印章展示了這樣的場面：乳房豐滿的女神高高站在世界之巔，驕傲地舉起一條蛇，向世人炫耀女性的君臨天下；一個身材健美的青年男子站在下面，崇敬而興奮地向她歡呼，陰莖雄起，蔚為壯觀。[6]

　　這不是色情，更非淫穢，而是一種極其神聖而莊嚴的儀式。在此儀式上，勃起即致敬。勃起的陰莖，是女神的讚美詩。

　　這種儀式，就叫"生殖崇拜"。

◎米諾斯文明

　　約存在於公元前 3000 年至前 1450 年。發展主要集中在克里特島，突出特點是崇拜女神而非男神。圖為克里特印章展示。

蛙女神

生殖崇拜是女媧的傑作。

這其實是逼出來的。原始人壽命極短，尼安德特人平均不到二十歲，山頂洞人沒誰能活過三十。既然活不長又死得快，就只能生得多。畢竟，能對抗高死亡率的，只有高出生率。所以女媧必須不辭勞苦地批量生產人類，甚至不惜掄起藤條沾上泥漿甩。在與死神的搏鬥中，這是最實在的一招。

是啊，鬥不過豺狼虎豹，咱學兔子還不行嗎？

然而多生幾個真是談何容易。誰都知道，並非每次性交都有結果，生男生女也全憑運氣。看來冥冥之中另有一種神秘力量，在左右和掌控着命中率。對這樣的力量，豈能不恭敬有加頂禮膜拜，又豈能不想方設法弄到自己身上？

膜拜的目的是獲取，獲取的方法是巫術。巫術的規律，是相似律和接觸律，比如膽大妄為就叫"吃了豹子膽"，韜光養晦就叫"夾起狗尾巴"。這種文學修辭其實是巫術遺風。要知道，原始時代的戰士，是當真要吃豹子膽的。

獲取神秘的生殖力量，也如此。

於是女媧和她眾多的姐妹，便在世界範圍內雨後春筍般地被創造了出來。這是對女性生殖能力的直接崇拜，而且這種崇拜是實用主義的。因此，隆起的腹部是她們的驕傲，豐滿的乳房是她們的勳章，荷塘的蛙鳴是她們的《歡樂頌》，水裏的魚兒則是她們的萬千化身。

是的，魚和蛙。它們頻繁出現在新石器時代的陶器上。

這是一些令人過目不忘的形象。它們或寫實，或寫意，或抽象，或便化（簡約化變形），形成序列，蔚為大觀。尤其是半坡的魚紋和馬家窯的蛙紋，形神兼備，生機勃勃，充滿活力。你看那一排排並行的魚兒，氣勢是何等地磅礴；你看那划水中成長的幼蛙，身姿又何其優雅和從容。是啊，每

◎半坡出土的魚紋圖案

◎划水中成長的幼蛙
　甘肅禮縣出土的馬家窯類型蛙紋

當我們凝視這些遠古的神秘圖案，撲面而來的便是潮乎乎的生命氣息。[7]

　　此致敬禮！你們這些生殖崇拜的文化符號，你們這些女媧的綬帶和徽章。

　　但，為甚麼是它倆？

　　因為長得像又生得多。魚和蛙，確實能給心智初萌的人類以太多的聯想。魚唇跟陰唇，不都是開開合合嗎？青蛙跟孕婦，不都是大腹便便嗎？不信去看姜寨一期的雙魚紋，簡直就是女性生殖器的生理解剖圖。

　　何況魚子又何其之多啊！青蛙也是一夜春雨便蝌蚪成群。

◎甘肅出土馬家窰類型蛙紋，特地畫出了產道口，而且產道口在中醫學上就叫"蛤蟆口"。

◎甘肅馬家窰類型蛙紋的演變，從中不難看出蛙紋的全面性和豐富性。據鄭為著《中國彩陶藝術》第28頁圖24。

這難道不意味着旺盛的生命力？所以廟底溝的蛙紋，便特地在腹部畫了很多點；馬家窰的蛙紋，還特地畫出了產道口。

實際上，從蝌蚪到幼蟲，再到成形的蛙，在彩陶紋飾中應有盡有。這當然絕非偶然。

有蛙有魚，鑼齊鼓齊。魚，象徵着女陰，也象徵受精；蛙，象徵着子宮，也象徵懷孕。[8]難怪姜寨一期的那個陶盆內壁，會畫了兩對雙魚和蛙紋。這可是一整套"女性生殖系統"。掌握了這套系統，我們就能像迦太基統帥漢尼拔訪問羅馬一樣，叩響生命之門，並長驅直入。

◎仰韶文化魚蛙紋彩陶盆，新石器時代遺物，陝西臨潼姜寨遺址出土。

死亡線上走投無路的人，絕處逢生。

也許，這就是女媧的身世之謎——女媧就是女蛙，是主管生育的蛙女神，也是率領我們迎戰死亡的勝利女神。她老人家是蛙，我們的孩子才是娃。娃娃落地，呱呱而鳴，於是荷塘之中月色之下，便是一片生命的交響。

死神，你聽見了嗎？

月亮不說

聽見了這蛙聲的，是月亮。

月亮知道女人太多的秘密。

女人跟月亮，是同一時刻被造物主發明出來的吧？要不然，怎麼會有那麼多相似和關聯。月經一月一次，這就是關聯；肚子有盈有虧，這就是相似。月亮就像巨大的青蛙或偉大的孕婦——圓了，是正在懷孕；扁了，是剛生孩子。生出滿天星斗的月亮，豈能不是神蛙？

◎陝西臨潼姜寨出土，半坡類型蛙紋，蛙腹中的點表示多子。

　　代表月亮的這隻神蛙，就叫蟾蜍。

　　它或者在月亮中，或者就是月亮，甚至就是補天的女媧。姜寨出土的彩陶上，有一個腹部佈滿斑點的蛙形圖案，就是她的形象。那些原本表示多子多孫的斑點，後來就成了補天的石子；而用來代替擎天支柱的所謂鰲足，則實際上是蛙腿。

　　女媧，其實是犧牲了自己，才成全了我們的。

　　一隻巨大的青蛙，四條蛙腿支撐起殘缺不全搖搖欲墜的天穹，身體中孕育已久的生命力在瞬間爆發，宇宙大爆炸般地化作滿天繁星，這是何等驚心動魄的偉大！難怪月亮的面孔會生鐵般地又白又冷，那是因為"產後大出血"。這可比僅僅把諾亞方舟恩賜予某些特權人物，要偉大得多！

　　這就是女媧的星空，它同樣充滿疑團。

　　眾所周知，肚子有規律地膨脹和縮小，月亮、青蛙、女人都會，太陽和男人則不會。一個月一次的月經，男人沒有，跟太陽就更沒關係。因此，月亮神就該是女的，太陽神當然是男的，比如古埃及的月亮女神貝斯特，古希臘的阿波羅和阿爾忒彌斯（她在羅馬神話中叫狄安娜）。[9]

　　這樣看，我們民族的太陽神和月亮神，就該是伏羲和女媧。

　　因為伏羲手上捧的是太陽，裏面有一隻太陽神鳥；女媧手上捧的是月亮，裏面有一隻月亮神蛙。這不就是中華版的阿波羅和阿爾忒彌斯嗎？

　　然而在文獻資料中，我們的太陽和月亮都是女神。太陽神叫羲和，月亮神叫常羲。[10] 而且，她們居然都是帝俊的妻子。帝俊，據說就是帝嚳（讀如酷），甚至就是舜。[11] 這就更是糊塗賬。再說了，羲和、常羲、伏羲，這三個"羲"，有沒有關係？如果有，是甚麼？

　　實際上，羲和並非太陽神，常羲也非月亮神，她們都是母親神。羲和生了十個太陽，都是兒子；常羲生了十二個月亮，都是女兒。她們也像所有的母親一樣，要給自己的孩子洗澡。只不過，羲和的浴場在東南，常羲的在西北。

　　那麼，后羿和嫦娥，會是太陽神和月亮神嗎？如果是，嫦娥為甚麼要奔月，難道她原本不在那裏？后羿又為甚麼要射日，難道他跟自己過不去？

　　沒有人知道。

　　看來，有必要傳阿波羅和阿爾忒彌斯出庭作證。

作證還是作案

阿波羅和阿爾忒彌斯，其實也都有案在身。

眾所周知，阿爾忒彌斯和阿波羅，都是宙斯跟暗夜女神勒托的孩子，而且是孿生。這倒是說得過去。萬神之王要給暗夜以光明，當然要一次性地生出月亮和太陽。阿爾忒彌斯作為月亮女神也沒問題，她出生時眉心便嵌着耀眼的月亮，左手拿箭右手拿弓，全身閃耀着聖潔的光芒。

阿波羅的太陽神身份，卻大為可疑。因為真正的太陽神是赫利俄斯，阿波羅只是光明之神。但，既然不是太陽神，為甚麼眉心會嵌着耀眼的太陽？

也許，他至少是半個太陽神。

或者說，有人希望他是。

事實上，阿波羅必須成為太陽神，才能與阿爾忒彌斯成雙成對。然而他倆究竟是兄妹，還是姐弟，希臘人自己也眾說紛紜。一種版本說，阿爾忒彌斯出生後，便充當了母親的助產士，所以她又是接生女神。另一種版本則說，阿爾忒彌斯那修長曼妙的軀體，其實是阿波羅出生後，用自己的手牽出來的。

額頭閃光的太陽哥哥噴薄而出，堅強有力的手牽出體態玲瓏的月亮妹妹，畫面感確實很好。

但，這是作證，還是作案？

作案。

因為太陽決不會升起在月亮之前。

在遠古文化系統中，太陽和月亮是兩種符號，也是兩個時代的象徵。月亮代表的是女人，是雌性的生殖力量。對這種力量的崇拜，一定先於男性。因此，最先亮相的，也一定是女性的文化代碼：魚、蛙、月亮，還有大地。[12] 有了象徵母親和母性的大地，才會輪到種子和種子的攜帶者，即男性或男人，以及他們的文化符號，包括下一章要講到的鳥、蛇、太陽。

所以，作為月亮女神和狩獵女神，阿爾忒彌斯一定在前；作為光明之神和文藝之神，以及"准太陽神"或"偽太陽神"，阿波羅一定在後。也就是說，當阿爾忒彌斯駕着月之車飛過天際穿行叢林時，眉心嵌着太陽的阿波羅，應該還在娘胎之中。古希臘神話能留下兩個版本，就說明真相並沒有完全被遮蔽。

同樣，手捧月亮的女媧一定在先，手捧太陽的伏羲一定在後，羲和與常義則更在伏羲之後。女媧也不可能是伏羲的妹妹，更不可能是蛇，只可能是蛙。

蛙變成蛇，顯然是有人做了手腳。

偵破此案並不難。找到相關利益人，就能發現犯罪嫌疑人；看誰能夠從中漁利，就能知道犯罪動機。女媧變成蛇，對誰最有好處？伏羲，或伏羲的粉絲和接班人。道理也很簡單：如果伏羲和女媧都是蛇，誰先誰後就說不清，後來者也就可以居上。比方說，把伏羲說成女媧她哥。

伏羲在前，女媧在後，又有甚麼意義？證明男尊女卑天經地義。因此，女媧的手術非動不可。犯罪嫌疑人，則八成是鼓吹男權社會綱常倫理的那些傢伙。只不過，他們做賊心

◎漢石畫像女媧伏羲圖，出自《四川漢代畫像選集》第四十四圖。

虛，手忙腳亂，還是留下了無可辯駁的證據——女媧手中是月亮，伏羲手中是太陽。而且女媧的月亮裏，還明明白白有一隻蟾蜍。

這可是鐵證如山！

但能夠給女媧做整容手術，則說明世道變了。怎麼變？

氏族社會從母系變成了父系。父系社會是男人的江湖，他們當然有能力也有權力篡改歷史。於是一切都顛倒過來，女媧和伏羲變成了兄妹，嫦娥和后羿變成了夫妻，後出生的阿波羅也變成了阿爾忒彌斯的哥哥。

這種世界性和歷史性的錯亂，恐怕沒人能夠糾正。

嫦娥的私奔

女媧被人暗算後，嫦娥便私奔了。[13]

這是"一個人的私奔"。沒人慫恿，沒人策劃，沒人帶領，沒人追隨，沒有約會也沒人等她，但義無反顧，頭也不回。

咦？這明明是叛逃嘛，怎麼是私奔呢？

因為嫦娥其實是逃避，逃避一個她無法適應又無法反抗的環境——男權社會。她的逃避也純粹是個人和私下的，根本不會有任何結果，也不會有連鎖反應。如此自我放逐，恐怕連"不合作主義"都談不上。

嫦娥，是"惹不起躲得起"。

這當然不好意思叫叛逃，只能叫私奔。

　　但，新生的、血氣方剛蒸蒸日上的父系社會和時代，真的必須逃避嗎？

　　也許。

　　表面上看，從母系到父系，只是改變了血統的計算方式。

　　但其實，二者之間的區別是本質性的。母系氏族是"非權力社會"。在那裏，只有管理，沒有統治；只有心意，沒有權力。

　　女性首領和她的助理們，面對的是真正的子民，給予的是真正的關愛。她們甚至用不着刻意提倡甚麼"老吾老以及人之老，幼吾幼以及人之幼"，因為那實在是再自然不過的事情。

　　這就不能叫"女權社會"，只能叫"母愛社會"。

　　那是我們民族的春天，也是世界各民族的花季。男女雜遊，不媒不聘；但知其母，不知其父。性關係自由，選擇權則主要在女性。她甚至可以同時擁有多個男友，只要她願意。唯一的"霸道"，是對性夥伴的擇優錄取。但這是為了種族的延續，也不會對落選者冷嘲熱諷、趕盡殺絕。何況選擇是雙向和自由的，沒有強姦，也沒有賣淫；沒有感情糾葛，也沒有財產糾紛。[14]

　　父系氏族，卻不是這樣。

　　毫無疑問，父系氏族並非嚴格意義上的"權力社會"。

也許，它只能叫"半權力社會"或"前權力社會"。但不管怎麼說，自從母系變成父系，權力就被發明了出來，並成為男人手裏可以生殺予奪的指揮刀。

實際上，如果沒有權力問題，氏族的變革就沒有必要；而權力一旦誕生，也就沒有刹車的可能。結果，也許幾百年，也許上千年，一切都今非昔比。管理變成統治，擁有變成佔有，安排變成指使，安頓變成奴役，監獄、軍隊、政府和國家被相繼發明了出來。母愛社會順水推舟地變成了男權社會，而且延續至今。

女媧的時代終結，嫦娥的好日子也過完了。

也許就在這個時候，或者更晚一些，嫦娥悄然來到女媧造人的地方。她看到了甚麼呢？她會看見天邊血紅的雲彩裏，有一個光芒四射的太陽，如同流動的金球，正在冉冉升起。另一邊，生鐵般又白又冷的月亮，正在悄然落下。

生鐵般又白又冷，正是月亮女神形象和性格的寫照。

是的，阿爾忒彌斯身材曼妙，兩腿修長，腰肢纖細，皮膚白皙，通身閃耀着光芒。她睫毛濃密，目光澄澈而又靈動；紅唇小巧，嘴角掛着一絲莊重和威嚴。這是一種高貴的冷漠，聖潔的美麗，不容侵犯，不容褻瀆。

然而那生鐵般又白又冷的驕傲，卻與內心的柔軟包容共存。

　　作為處女的保護神，也作為獨立自由的象徵，阿爾忒彌斯拒絕了眾多的求婚者，卻庇護那些不受愛神擺佈的青年男女。也許，蔑視權威，反抗世俗，保護弱者，這就是月亮的性格？難怪嫦娥要奔向月亮，也只能奔向月亮了。

　　再見了媽媽，請你吻別你的女兒吧！

爹若有奶，爹便是娘。

男人一旦掌權，潛伏的蛇就會變成飛天的龍。

第三章

伏羲設局

日出時分

　　暮春之後是初夏。太陽升起前，有霧。

　　迷霧籠罩着史前文化，遮掩了陰謀與陽謀、真情與真相。我們曾經納悶，后羿射日之後，嫦娥為甚麼要奔月。那裏面，並沒有她的情郎。我們也不知道，阿波羅為甚麼要設下陷阱，讓阿爾忒彌斯射殺了自己的戀人奧利溫。而奧利溫，並不是他的情敵。但我們知道，阿波羅和伏羲都與太陽有關，也都是蛇。是蛇的還有印度的韋須奴。就連佛陀，也曾表現為蛇。

　　為甚麼是蛇呢？蛇又不是甚麼好東西。

　　也許有人會喜歡蛇，覺得它神秘、冷峻、有頭腦，類神。也有人討厭蛇，覺得它醜陋、陰險、冷血、變態。更重要的是，蛇和蛙是死對頭。蛇，是長蟲。青蛙吃蟲，蛇又吃蛙。蛇與蛙，如何相容，豈能相容？

因此，女媧讓蛇出場，後來還變身為蛇，必有原因。

原因複雜而多項。一個最直截了當的動因，是男人要搞"文化革命"。也許，這場革命是非暴力和漸進的；也許，革命的意識模糊而朦朧；也許，這事其實醞釀了很久很久；也許，它的背後有着經濟的推動和考量。但不管怎麼說，氏族的男人和女人終於都認為，僅有女性生殖崇拜遠遠不夠，還必須承認男性在生命創造中的作用，並用一種合乎邏輯和法理的形式予以肯定。

男性生殖崇拜開始了。

這就需要象徵物，而蛇是合適的。事實上，蛇與陰莖有太多的相似，比如尋常看不見，偶爾露崢嶸；比如平時綿軟，用時堅挺。當然，還有那毋庸置疑的攻擊性。因此，哪怕蛙不喜歡蛇，也只好不拘一格。

其實在蛇之前，男性的象徵便已出現，這就是鳥。[1] 鳥的崇拜要早於蛇，待遇也比蛇高。直到現在，它也仍是男性生殖器的代名詞。這種指代甚至是一種"國際慣例"，比如英國人就把男人那玩意稱為小公雞（cock）。

鳥和蛇，是男性生殖崇拜的文化符號和代碼。

當然，還有太陽。

　　太陽也是非有不可的。而且，正如月亮裏面有一隻神蛙
名叫蟾蜍，太陽當中也得有一隻神鳥。它的名字，就叫金烏。
蟾蜍就是象徵女性的蛙，金烏就是象徵男性的鳥。只不過，
金烏有三條腿，有的身上還背負着太陽。[2] 有了這隻"三足
神鳥"，男人的太陽就不但能夠冉冉升起，還能飛向不知終
點的遠方。

◎陝西泉護村出土廟底溝類型負日鳥紋

◎河南陝縣出土廟底溝類型三足鳥紋

◎漢石畫像日中三足鳥

　　月亮有神蛙，太陽有神鳥，也沒甚麼不好。

　　女媧她們當年，大約就是這樣想的。代表女性的魚女和
蛙女，甚至有可能歡迎代表男性的鳥人和蛇人登堂入室，與

她們共謀發展，同享太平。可惜誰都沒有想到，是鳥就會叫就會飛，就可能一鳴驚人一飛衝天。她們更沒有想到，鳥的背後還藏着一條蛇。蛇是一定要吃青蛙的，下手只是遲早的事。只要太陽的光芒蓋過月亮，蛇就一定會把母愛社會變成男權社會，而且永不交權。

這可真是請神容易送神難。

父系氏族的日出時分到了。在血紅的雲彩裏，在荒古的熔岩中，一輪紅日如同流動的金球，噴薄而出。它的下面，是一隻金色的神鳥，張開巨大的翅膀，雄姿英發，傲然飛翔。另一邊，悄然落下的月亮生鐵般又白又冷，說不清是在默默祝福，還是黯然神傷。

現在已經很難確定，這隻負日遠行的三足神鳥究竟從哪裏起飛。海上？山中？桑林？也許都有可能。但不管怎麼說，當它背負青天往下看時，應該看到一個人首蛇身的小伙子，正英俊亮相，從後台走向前台。

他的名字，就叫伏羲。

天下第一廚

伏羲身上，有股子烤羊肉味兒。

當然，這裏說的伏羲跟女媧一樣，不是某一個人，而是一個符號。這個符號代表的，就是父系氏族社會。這個社會的歷史，少說也有上千年。但無論是早期還是晚期，也不管當中出了多少代表，我們都通通稱之為伏羲。而且照理說，他們也都該是蛇神。

但是奇怪，伏羲出生那天，我們只看到太陽很好，完全看不見蛇的影子。

是的，一點都沒有。

跟女媧的媧一樣，伏羲的羲，差不多也是一個特別創造出來的字。除了用於伏羲以及其他一些神話人物，比如羲和、羲仲、羲均，另一個意思就是"氣之吹噓"，也就是氣息舒展而出的狀態。

甚麼氣？

羊肉味唄！

羲，無疑與羊有關。金文的羲，就是上面一個"羊"，中間一個"我"，下面一個"兮"；或者上面一個"義"，下面一個"兮"。這個字加上牛，就是犧，犧牲的犧。這裏面有牛有羊，偏偏沒有蛇。你總不能說那個"兮"字，就是"蛇溜走了"吧？

◎金文的"羲"（羲姚尊彝），據林義光《文源》卷十一。

女媧是女蛙，伏羲卻不是伏蛇，豈非咄咄怪事？

然而伏羲又確實是蛇，也必須是蛇。女媧就是因為伏羲，才由蛙變蛇的。如果伏羲不是蛇，女媧的整容豈不冤枉？如果說伏羲也曾變身，那又是誰給他動了手術？撲朔迷離的遠古文化，難道案中有案？

其實，羲，原本與羊無關。甲骨文的羲，是上面一個"我"，下面一個"兮"。

兮是語氣詞，上古讀音接近於"喝"，中古讀音接近於

"嘿"，意思相當於"啊"。我，也不是"自己"，是"兵器"，
意思是"殺"。

◎甲骨文的"義"（前 2.7.5）。此字舊無人識，據施謝
捷先生考證，它就是後來"義"字的"初文"（最原
始符號），上面部分是"我"，下面部分是"兮"。
吳榮光先生則認為，兮就是義的"省文"（簡寫）。

◎甲骨文的"我"（甲二二六七），很明顯可以看出是兵器。

所以，甲骨文的義，就是"殺啊"。

殺誰？

誰殺？

謀殺案嗎？

當然不是。

但要偵破此案，也只能倒推。從哪兒推？犧。因為伏
義又叫庖犧。庖犧的犧，原本是伏義的義，就像蛇字原本是
"它"。這在文字學上就叫"本字"，也就是"原版"。

犧的原版是"義"，蛇的原版是"它"。後來，"它"加
上蟲就成了蛇，"義"加上牛就成了犧。為甚麼要加偏旁？

為了強調。比方說，強調蛇是爬蟲。同樣，正因為義是
犧牲，所以要加牛。要知道，犧和牲，都是牛字旁。

這當然很牛。

　　伏羲，就是很牛的庖犧。庖即庖廚，犧即犧牲。犧牲就是獻祭用的動物，包括馬、牛、羊、豬、狗、雞。其中色純的叫犧，體全的叫牲，合起來叫犧牲。最重要的犧牲，是牛和羊。祭祀的儀式，有牛就叫太牢，沒有牛只有羊就叫少牢。少牢比太牢用得多，因為羊比牛便宜。但再省錢，也得有羊。

　　所以，儘管甲骨文的義沒有羊，金文就得加上。再後來，還得加牛。上面加隻羊，旁邊加頭牛，伏羲或庖犧，才算驗明正身。

　　哈哈，原來伏羲這蛇頭，是個做飯的。

　　但伏羲或庖犧，卻堪稱"天下第一廚"，因為是做飯給神吃。請神吃飯，這在古代可是頭等大事。《左傳》就說："國之大事，在祀與戎。"戎就是戰爭，祀就是祭祀。[3] 戰爭要殺人，祭祀要殺羊。義，豈能不是"殺啊"！

　　所以即便在女媧的時代，伏羲的地位也不低。事實上，如果說女媧的偉大發明是生殖崇拜，那麼，伏羲的卓越貢獻就是請神吃飯。他身上有羊肉味兒，後來起了王莽的心思，都不奇怪。

　　奇怪的是，我們的先民為甚麼要請神吃飯？難道他們牛羊成群、瓜果滿園、五穀豐登，吃不完用不完，要大擺宴席？

　　當然不是。

革命就是請客吃飯

請神吃飯其實是個局。

做局也是逼上梁山。正如生殖崇拜是因為死人太多，嚇着了；請神吃飯則因為飢腸轆轆，餓壞了。那時生產力實在低下，先民們吃了上頓沒下頓，更難有儲備可言。一旦長時間斷糧斷炊，族群面臨的便是滅頂之災。

飢餓，是死亡女神的嫣然一笑。

這就必須想辦法，最實在的辦法則是發展生產力。於是各種生產工具被相繼發明了出來，包括作為獵具和漁具的罔罟（讀如網古），作為農具的耜耒（讀如四壘）。這些理應獲得科技進步一等獎的發明和創造，後來被歸功於伏羲和神農。這當然實至名歸也受之無愧。因此，這時的伏羲，是製造獵具、漁

具和農具的工匠，以及使用這些工具的獵手、漁夫和農民。⁴

　　但，這跟蛇有甚麼關係，跟羊又有甚麼關係？

　　羊是在狩獵過程中自投羅網的。原始獵人最喜歡羊，因為野豬野牛不易捕殺，兔子田鼠跑得太快，魚蝦貝蟹又解不了饞。只有羊，體大肉多，成群結隊，反抗力弱，智商還低。這就不但可以打主意，還能智取。比方說，偽裝成羊混入羊群，然後把它們帶進包圍圈。羊傻呀，又喜歡隨大流，哪有不上當的？

　　沒錯，這就是最早的"佯裝"，裝羊的伏羲就是最早的"羊人"。這也是最早的"局"，只不過它鮮為人知。後面的事情就簡單多了：吃不完的羊被圈養起來，獵人伏羲也變成了牧人伏羲。這時，他當然還是羊人。

　　嘗到甜頭的伏羲得寸進尺。他決定設一個更大的局，忽悠一把天神地祇。

　　這就是請神吃飯——飯局。

　　飯局和狩獵，其實一回事，都是為了吃。沒得吃，不夠吃，便要麼去搶，這就是戰爭，也就是甲骨文的義；要麼去討，這就是祭祀，也就是金文的義。它的意義，一點都不亞於生殖崇拜。

　　生殖崇拜祈求的，是種族的延續；請神吃飯面對的，是族類的生存。前者希望多子多孫，後者希望豐衣足食；前者考慮千秋萬代，後者考慮當下眼前。你說哪個重要？

　　都重要。但現在就有吃的，更迫切。

　　請神吃飯，不能不辦。那些山神、河神、林妖樹怪、土地公公，管着山間的獸，林中的鳥，水裏的魚，地上的莊稼，自己又吃用不完，完全可以分一點給我們。只不過，將欲取之，必先予之，你得把神伺候好了。要知道，就連范增要殺劉邦，也得先擺鴻門宴。

　　顯然，這只能是伏羲的事。也只有發明了獵具、獵獲了羊群的他，才有資格充當請神吃飯的廚師長和主持人。也因此，在祭祀儀式上，他依然得頭戴羊角身披羊皮扮作羊人。只不過，這時的他不再是獵手，而是祭司。同時，他也不再是甲骨文的義，而是金文的義。金文的義，上面是羊。義是儀的本字，即威儀或禮儀。而且，正因為儀的本字是義，犧的原版才是義。

　　伏羲的秘密，昭然若揭。

　　與此同時，他的地位也節節高升。

　　眾所周知，在沒有政權、法律、國家和公民概念的原始時代，族群都是自然形成的。紐帶則與其說是血緣，不如說是共食。母子，是吃與被吃的關係；兄弟，是同一個娘養大的人。實際上，原始人類聚族而居，無非是要解決吃飯問題。因此，爹若有奶，爹就是娘；誰給吃的，誰就是老大。

　　掌勺的必定變成掌權的。後起之秀伏羲，要向女媧討個
說法。

◎甲骨文的"義"（掇二‧四五，人頭骨刻辭）

◎金文的"義"（促義父盨）

兩種字形，都一目了然，就是兵器（我）加上羊。意思要麼是殺
羊，要麼是殺羊的人。為甚麼要殺羊呢？請神吃飯。

披着羊皮的蛇

說法很快就有了，那就是承認男人在生育中的作用，並為之設立祭壇。

祭壇在紅山文化遺址已經發現，只不過女的圓，男的方。這倒是符合我們的主觀感受：男人有棱有角，女人珠圓玉潤。難怪女媧手上拿的是規，伏羲拿的是矩，女圓男方嘛！

但，天圓地方，又怎麼講？

天，不是男性；地，不是女性嗎？

對不起，這是後來的事。在遠古，在女媧的時代，女人才是天，男人則是地。只不過，自從男人有了方方正正的祭壇，也就好歹有了一席地位，可以跟圓圓滿滿的女人分庭抗禮。

　　於是伏羲搖身一變而為蛇神。

　　伏羲怎麼會是蛇呢？伏與狗有關，[5]義與羊有關，犧與
牛有關，哪有蛇？兵器倒是有的。伏羲又叫伏戲。戲，還有
義字中的"我"，都是兵器。難道那蛇，其實不過祭壇上器
皿中兵器的倒影？

　　當然不是。

　　伏羲變成蛇，不是"杯弓蛇影"，而是"文化革命"。

　　也就是說，越來越牛的男人，要求在飲食和男女兩方
面，都能體現其重要性。

　　這就必須引蛇出洞。

　　為甚麼必須是蛇呢？因為只有蛇，才是男性最強有力的
象徵。鳥，就溫柔了點。所以，從氏族到部落，再到國家，
蛇的作用都將一以貫之。在氏族時代，它是生殖崇拜的符號；
到部落時代，它將成為圖騰；到國家時代，它還將成為祖宗。
只不過，狡猾的蛇多半會處於潛伏狀態，該出洞時才露出
真容。

　　妙哉伏羲！他還真是伏蛇，只不過披着羊皮。

　　潛伏的蛇神現在是羊人。他是義，是義，也是美。美，
上面是羊，下面是大。這個大，其實是人，大人。人，如果
是大人物，就寫成正面而立的"大"，比如美好的美；如果
是普通人，就寫成側身而立的"亻"，比如佯裝的佯。可見，

從侔到義，到義，到美，伏羲這小伙子拾級而上，每一步都離不開羊。

難怪猶太教、基督教和伊斯蘭教都有"替罪羔羊"。

善哉羊也！

是的，羊是善，也是祥。因為羊肉可食，羊皮可衣，羊糞可以肥田，羊角可以做武器或樂器。這樣的衣食父母，豈非功德無量？這樣的大慈大悲，難道還不吉祥？頭戴羊角的羊人伏羲，難道不美？這樣一位遠古時代的大帥哥，難道不該成為領袖？

當然應該！

實際上，吉祥二字，古文字就寫作"吉羊"。羊就是祥，就是冠羊之人。那麼，甚麼東西"吉"？紅蓮之珠。紅蓮就是女陰，紅蓮之珠則可能是印度人的摩尼寶珠，中國人的火齊珠，即陰蒂。蒂，就是帝，古文字寫成▼或▽。它可能是

◎六字真言藝術形象，它原是日本奈良金剛山寺"寶珠舍利塔"的上部，王鏞繪，轉引自趙國華《生殖文化崇拜論》第155頁。
這個形象，最下面是燦然綻放的蓮花，內含豐碩多籽的蓮蓬，上為光焰四射的寶珠。寶珠之內，又有蓮花、蓮蓬、寶珠，表示天地萬物的生生不已，生命創造的永無止盡。

整朵花，也可能是花蕊或花蕾。因此，神秘的"六字真言"
——唵嘛呢叭咪吽，翻譯為六字漢語，就是"神，紅蓮之珠，
吉"。[6]

噫！紅蓮之珠吉，冠羊之人祥。

吉祥二字，伏羲佔了多半。

三分天下有其二，父系當然要取代母系。

但這一切，都是悄然發生的。

在母系社會後期，當篝火燃起，夜幕降臨時，登上祭壇
的仍是女媧或蛙女。那模樣和場面，我們在巴布亞新幾內亞
的蛙人圖上已經見過：掌握了"生與死"這"一號機密"的蛙
女神，佔據絕大部分畫面，表示她是當然的領袖。她頭上的
裝飾物，是魚和鳥，分別代表女性和男性生殖崇拜，也表示
魚人和鳥人是她的輔佐。四周，則是代表女性的花和代表子
孫的星星點點。

至於男性的蛇人和羊人，則多半只能在台下打理那些陶
罐、陶壺、陶盤、陶缽、陶杯、陶碗。他們當然想不到，自
己跟前的陶鼎，將來會變成青銅的，並成為國家和政權的象
徵。他們更不會想到，為了問鼎中原，兄弟姐妹們將付出怎
樣的代價。

做愛，以神的名義

祭祀的高潮和餘興，是篝火晚會。

這很有必要，甚至不可或缺。事實上，原始時代的祭祀禮儀，並非規行矩步，莊嚴肅穆，而是載歌載舞，天恩共沐。

歌舞，也是獻給神靈的禮物。

禮物無疑是豐盛的。

首先是"犧牲"（肉類）和"粢盛"（糧食）。它們盛放在"豆"裏。豆，是古代餐具，類似於高足盤，有的還有蓋。

裏面裝的，是豬頭三牲、紅燜羊肉和揚州炒飯。這是當時的"滿漢全席"。

其次是"玉帛"，也就是玉器和束帛。這是"紅包"，放在器皿中。犧牲、粢盛、玉器、束帛，合起來就叫"犧牲玉

帛"。盛放玉帛的器皿，和盛放犧牲的餐具（豆），疊加起來
就是"豊"，也就是"禮"。[7]

◎甲骨文的"禮"（豊）
　（甲一九三三）

◎金文的"禮"（豊）
　（豊卣）

　　當然，糧食和肉類，神吃不掉；東西，也拿不走。玉帛
之類，大約會重複使用。犧牲，則在儀式後由族民分食，叫
胙肉（胙讀如做）。分食也不完全是怕浪費，還因為肉上已
經有了神的祝福。分而食之，正是為了共享太平。

　　犧牲和粢盛是吃的，玉帛是用的，歌舞則是看的和玩
的。這同樣是人神共享。沒人知道，神靈們是否會堅持看完
這台晚會。也許，享用了盛宴，拿走了紅包，又觀賞了部分
節目，他們已心滿意足，要回天廷或山林打盹。但，分食了
胙肉的族民卻意猶未盡，興致正濃。畢竟，請神吃飯的事，
不可能天天都有。既然這日子相當於逢年過節，那又何不把
它變成嘉年華？

　　篝火晚會，弄不好就通宵達旦。

　　那是一種怎樣的歌舞啊！在青海省大通縣孫家寨出土的
陶盆上，我們看到了這樣的場面：五人一組，手拉着手，頭

向一邊側，身向一邊扭。他們的頭上，飄着一根東西，疑為髮辮；兩腿之間，則翹着一根東西，疑為飾物。

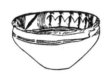

◎青海省大通縣孫家寨出土

嘻！這是土家族的擺手舞嗎？這是納西族的篝火舞嗎？這是藏族的打阿嘎嗎？這是維吾爾族的麥西來甫嗎？

也許是，也許不是。

也許，它就是"三人操牛尾，投足以歌八闋"的"葛天氏之樂"。[8]

這樣的原始歌舞，一定虔誠而又蠻野，熱烈而又謹嚴。

那是先民們在莊嚴儀式上生命活力的體現。據說，樂器是女媧和伏羲的發明。因此，我們完全可以這樣來描述——如醉如狂，神采飛揚，伏羲琴瑟，女媧笙簧。

值得關注的，是兩腿之間那疑為飾物的東西。

沒錯，它應該就是腰飾。但原始人的所謂腰飾，從來就是可疑的。它們往往是一些樹上扯下的葉子，地上撿來的羽毛，或者松鼠和野狗的尾巴，遮蔽性極差，裝飾性極強。人類學的研究表明，這些腰飾還是舞會上專用的。[9]

這可真是欲蓋彌彰。

不難想象，月色朦朧，火光飄逸，瘋狂搖擺飛速旋轉的裸體上，唯獨某一部分有着閃爍不定的珠光，搖曳生姿的流蘇，會給春情勃發的青年男女以怎樣的刺激。

因此晚會的尾聲，恐怕不是齊唱"難忘今宵"，而是三三兩兩地到密林深處去做愛。個別性急的，也許還等不到那一刻。

做愛，以神的名義。

做愛，在神的面前。

這就是遠古的禮樂。它是神的盛宴，也是愛的盛宴。

用不着大驚小怪。在原始時代，飲食和男女，原本就是同一件事情的兩面，同一個目標的兩手。這個目標和這件事情，就是生存和發展。神，當然是贊同的。

這，才是祭祀儀式和篝火晚會的主旋律。

凌晨五點

篝火晚會上風頭最健的，無疑是羊人伏羲。

這並不奇怪。原始舞會上的高手，從來就是男人。因為即便在父系氏族社會早期，擇偶權也仍在女人那裏。再牛的男人都不能硬來，只能用自己出色的表現博取芳心。引昂高歌，翩翩起舞，無疑是有效方式之一。

因此孫家寨出土的陶盆上，舞蹈者便都是男人。那高高翹起的所謂飾物，則其實是陽具。當然，不會是真傢伙，只

◎孫家寨出土舞蹈人形放大圖

能是替代品。

　　孫家寨出土的這隻陶盆，在考古學上屬於馬家窰類型。同類型的彩陶紋飾，最突出的就是大量的蛙紋和蝌蚪紋。可見這舞蹈是女媧時代的。那些手拉手的舞蹈者，則應該是孔雀開屏般炫技求愛的鳥人和蛇人。他們表演的節目，不是"百鳥朝鳳"，便是"金蛇狂舞"。

　　伏羲時代的羊人，就酷得多。

　　首先他是"腕"。氏族的重大決策，已歸他説了算。其次他是"款"。氏族的財政預算，也歸他説了算。第三他是"爹"。氏族的新成員姓甚名誰，同樣歸他説了算。這也正是母系變成父系的三大表現。

　　此時的男人正天天向上，他們的求愛也信心滿滿。

　　當然，羊人也有好幾種。如果他是"侼"，那就是獵手，會得到姑娘的愛慕；如果他是"義"，那就是祭司，會得到

◎甲骨文的"美"
（一二六九）　　◎金文的"美"（美爵）

美，自許慎起，歷來解釋為"羊大"，即"羊大為美"。後來蕭兵先生指出，應為"羊人為美"。蕭説是。從字形上不難看出，美，上面是"羊"，下面是正面而立的"人"，即"大人"，也就是"冠羊之人"，亦即伏羲的形象之一。

姑娘的敬仰；如果他是"美"，那就是大人，會得到姑娘的崇拜。如果他是"義"，那就是大眾情人，不知多少淑女都會春心蕩漾，願以身相許。

為甚麼最具魅力的是義呢？

因為只有義，才是"披着羊皮的蛇"。也只有義，兼具熱乎乎的肉香和冷冰冰的殺氣。沒錯，義，也有羊有我（兵器）。但義變成"己之威儀"後，兩方面都弱了許多，哪裏比得上義，剛柔相濟，意味深長，前途無量。

請看歷史。

前面說過，夏娃的革命成果是裸體直立，女媧的文化建樹是生殖崇拜。生殖崇拜不能叫"性崇拜"，因為目的是生兒育女，不是男歡女愛。但這絕不意味着又退回到夏娃之前。相反，生殖崇拜是把人類獨有的性，從純自然的生活變成了可控制的文化。惟其如此，伏羲才能接過女媧的旗幟，並打上自己的烙印。

伏羲的烙印就是男人掌權。

男人一旦掌權，生殖崇拜就會變成圖騰崇拜，母愛社會就會變成男權社會，潛伏的蛇也就會變成飛天的龍。

這就是部落時代的前夜。在此前漫長的歲月裏，它有着神話傳說中的"三個代表"——夏娃代表原始群，意義是"從猿到人"，形象表現為裸猿；女媧代表母系氏族，意義是"從自然到文化"，形象表現為魚、蛙、月亮；伏羲代表父系氏族，意義是"從母愛到男權"，形象表現為鳥、蛇、太陽。

◎部落時代之前的三個代表

	代表人物	代表意義	形象表現
原始群	夏娃	從猿到人	裸猿
母系氏族	女媧	從自然到文化	魚、蛙、月亮
父系氏族	伏羲	從母愛到男權	鳥、蛇、太陽

完成這三大轉變後，伏羲也將功成身退。此後，氏族社會結束部落時代開始。

現在是凌晨五點，讓我們告別今宵。

野蠻時代初級階段的後半段，是激情燃燒的歲月。中華民族的偉大先民篳路藍縷，披荊斬棘，勇往直前，表現出非凡的想象力和創造力。這也是一個春天的故事，女人含苞待放，男人旭日東升。他們創造了多種文化和文化模式：工具、巫術、生殖崇拜、祭祀禮儀、原始歌舞和人體裝飾。而且按照傳統說法，在伏羲的時代還創造了最早的文化符號八卦，產生了最早的哲學概念陰陽。

這就實在太牛了！

因此，儘管這時伏羲還是羊，但總有一天會變成牛。

事實上，他也就這樣變了。

變成牛的伏羲，就是炎帝。

蛇第二次出場後，部落的時代開始了。

炎帝為它揭幕剪綵，牛圖騰的旗幟高高飄揚。

第四章

炎帝東征

炎帝是誰

炎帝來接伏羲的班，一定走了很遠的路。[1]

接班人炎帝身份不明。他就是神農嗎？不知。[2]也許是，也許不是。他跟黃帝是同時代人嗎？也不知。[3]有人說同時，有人說先後。這些陳芝麻爛穀子，就連司馬遷也拉扯不清。他的辦法，是在《五帝本紀》中帶上一筆，把神農看作一個過去了的時代，把炎帝說成與黃帝同時，但不立傳。實際上，是將這個問題存而不論，卻把黃帝扎扎實實地算作了五帝的第一人。

這當然很嚴謹，但不能解決問題。炎帝可以不是五帝，也可以不是神農，卻總得是個甚麼。這樣一位重要的始祖，豈能沒有說法？

不是"五帝"，就只能是"三皇"。

三皇同樣是糊塗賬，因為根本就是編出來的。[4] 春秋原本只有"五霸"，孟子針鋒相對提出"三王"（夏禹、商湯、周文），到荀子冒出"五帝"，到呂不韋冒出"三皇"。三皇、五帝、三王、五霸，如此"三五成群"，整齊劃一，本身就很可疑。先有三王，才冒出五帝；先有五帝，才冒出三皇。

越是遠古的人物，出現反倒越晚，這又可疑。

更何況，《荀子》只有空洞的五帝，《呂覽》只有空洞的三皇。《莊子》的三皇五帝不但空洞，就連提到這茬的篇章，都不知是何人所寫。三皇也好，五帝也罷，到底是誰，其實沒人知道。荀子他們留下的，是一道填空題。

還是毛澤東說得對：五帝三皇神聖事，騙了無涯過客。[5]

胡編亂造的結果，是三皇的說法不下六種。[6] 其中最靠譜的，是伏羲、女媧、神農。但女媧不可能在伏羲之後，神農倒無妨與炎帝認同。如果承認炎帝"以火德代伏羲治天下"，那麼伏羲之後，黃帝之前，就該是炎帝。

其實只要不認死理，問題便好解決。比方說，把女媧、伏羲、炎帝或神農，看作五帝之前的"三個代表"，叫不叫"三皇"則無所謂。如此，則夏以前的歷史便可以這樣表述：女媧代表母系氏族，伏羲代表父系氏族，炎帝代表早期部落，黃帝代表晚期部落，堯舜代表部落聯盟。

　　這就清清楚楚。就連天皇、地皇、人皇的説法，也可以重新解釋：女媧天皇，伏羲地皇，炎帝人皇；女媧天圓，伏羲地方，炎帝外圓內方。當然，作為神話傳説人物，他們也都半人半獸，比如女媧是蛙，伏羲是蛇。

　　那麼炎帝是甚麼？

　　牛。[7]

　　炎帝是牛，伏羲是蛇，這可真是"牛鬼蛇神"。

　　真是"牛鬼蛇神"倒也好，麻煩在於炎帝是牛又是羊，因為姓姜。姓姜當然也未必就是羊。《國語·晉語》就説，這是因為炎帝住在姜水。正如黃帝姓姬，是因為住在姬水。

　　姬水，即今陝西省武功縣漆水河；姜水，即今陝西省寶雞市清姜河。如此説來，炎帝和黃帝都是陝西人，還真可能是兄弟。[8]

　　可惜這種言之鑿鑿的結論，反倒可疑。何況《國語》的可信程度，原本相當於《三國演義》，只能當評書聽。[9]靠得住的説法，是姜姓乃西戎羌族的一支，後來因遊牧而進入中原。[10]羌，西戎牧羊人也，[11]當然是羊人。

　　羌族是羊人，伏羲也是羊人。羊人接羊人，靠譜。

　　但，如果炎帝是羊人，怎麼會牛頭人身？而且伏羲是羊也是蛇，為甚麼由牛來接班？何況炎帝是西方戎族，伏羲則也許是東方夷族，也許是南方蠻族。[12]炎帝接了伏羲的棒，豈非“東拉西扯”，或“南腔北調”？

這又是一筆糊塗賬。

好在有人願意出庭作證並解釋這一切。

他，就是古希臘的酒神狄俄尼索斯。

證人狄俄尼索斯

狄俄尼索斯有三個形象：葡萄樹、山羊和公牛。[13]

酒神是葡萄樹並不奇怪，是山羊和公牛則意味深長。在中西文化中，羊和牛都被看作生殖能力極強的動物。牛鞭和中草藥淫羊藿，就是中國古代的偉哥。古希臘那個長着山羊角、羊尾巴和兩條羊腿的牧神和山林之神潘（Pan），更是性慾旺盛。難怪中國古代最重要的犧牲是羊和牛。用牛羊獻祭，既保證了飲食，又保證了生殖，可謂一舉兩得，一箭雙雕。

狄俄尼索斯的公牛形象，恐怕就有這個意思。為他舉行的酒神祭要由羊人和馬人組成歌隊來伴唱，也沒準有這意思。在古希臘的繪畫中，那些傢伙的陰莖都雄壯勃起，便足以説明問題。

　總之，牛和羊，還有馬，也都是男性生殖崇拜的象徵。

　但，這跟蛇又有甚麼關係？

　當然有關係。因為酒神是宙斯變成蛇，跟珀耳塞福涅偷情做愛生下的。這其實是眾神之王要把自己的生殖力分出來，單獨成為一個神。因此，狄俄尼索斯的神像是用象徵性愛的無花果木雕刻的。也因此，他一生下來，就頭上長角。

　角在古希臘，也是男性生殖器的象徵。所以，狄俄尼索斯不可避免地要變成山羊和公牛。變成山羊，據説是他父親宙斯所為，目的是躲避赫拉的盛怒。表面上看，赫拉盛怒是因為宙斯不但偷情，還弄出一個"野種"來。實際上，她要捍衛的是權力。也就是説，即便在古希臘，生殖崇拜起先也是女性的專利。現在冒出個搶班奪權的，赫拉豈能不怒火中燒？爭風吃醋倒在其次。

　不過，生殖崇拜既然必定要從女性擴展到男性，那麼，負責生殖和性愛的男神就一定會誕生，而且誰都擋不住。結果是，狄俄尼索斯不但變成了山羊，還變成了公牛。他的形象是人，但身披牛皮，牛頭牛角，牛蹄垂在背後，跟我們的炎帝簡直如出一轍。

　宙斯變成蛇，生下山羊或公牛狄俄尼索斯，可見蛇可以變成羊，羊可以變成牛。蛇神、羊人、牛鬼，就這樣擊鼓傳花。

但這個過程，在中國要囉唆一些。

麻煩在於，蛇神、羊人、牛鬼，在我們這裏不但表現為三個階段，也表現為三個地區和三個族群：蛇神是東方夷族或南方蠻族，羊人是西方的羌族，牛鬼則是來到中原的炎帝族。炎帝雖然也是羌族的一支，卻不能跟原始羌族畫等號。這就正如希臘人是雅利安人（Aryans）的一支，希臘人卻不等於雅利安人。

何況那羌族的代表是誰，我們也不知道。但可以肯定，從伏羲這個蛇神，到炎帝這個牛鬼，中間必定經歷了羌族的羊人。

他是一位無名英雄。

實際上，羌就是羊人，即牧羊人；姜則是羊女，即牧羊女。羌的甲骨文，就是上面兩隻羊角，下面一個側身而立的人。既然不是正面而立的大人物，當然名不見經傳，或只能隱姓埋名。也因此，他不是美，是羌。

◎甲骨文的"羌"
（後一・三零・一四）

◎甲骨文的"姜"
（河三・三）

《古文字詁林》第九冊第741頁註云：姜與羌通用，三姜即三羌。

姜，則是上面兩隻羊角，下面一個孕婦。但這也不是美，是姜。姜就是"羊女所生"。媽媽姓姜，子女也姓姜。

姜，是羊媽媽的羊寶寶。

其實就連"姓"，也是"女之所生"。所以，最古老的姓都是母姓，也都從女，比如炎帝的姜，黃帝的姬。[14] 換句話說，姓，就是母系；氏，才是父系。氏族社會應該叫"姓族社會"，炎帝也該出自姜族。

那麼，姜族怎麼成了羌族？

因為天地翻覆，世道變了。自從女媧由蛙變蛇，歷史就被改寫，甚至黑白顛倒，面目全非。

圖騰柱，豎起來

前面說過，人類社會的發展，是從原始群到氏族，到部落，到部落聯盟，再到國家，即由點到面，到片，到圈，到國。其中，有的是就地擴容，比如夏娃變女媧；有的是遷徙變性，比如羌族變炎帝。但只要性質變了，名稱就會更改。

因此，羌族和羌人，是有可能原本叫姜族或姜人的。姜和羌，也可能原本是同一個字。但為了明確母系變父系，必須用男性的羌，取代女性的姜，就像從西部遷徙到中原進入部落時代的那一支，要改名為炎帝族。

好在即便是炎帝，也仍姓姜。這倒不因為那姜水，而是因為那牧羊女。她的樣子，我們在電影《少林寺》裏見過，在王洛賓的歌裏也聽説過。

是的，在那遙遠的地方，也在那遙遠的年代。

那是一位美麗的少女，那是一位偉大的母親。她的偉大，就在於為了族的生存和發展，毅然交出了管理權。姜人這才變成羌族。作為羌族一支的炎帝，也才能革故鼎新，把族群的徽號從羊變成了牛。

牛與羊，還有蛇，有甚麼不同？

蛇是生殖崇拜，牛是圖騰崇拜，羊是過渡時期。

甚麼是圖騰？對於原始民族來說，圖騰就是他們的"國名"、"國旗"和"國徽"，是他們的"共同祖先"，也是他們的"身份認同"。比如某個族群以鷹為圖騰，那麼，族的成員便從小就會被告知，自己的老祖宗是一隻神鷹，他們這個族叫鷹族，是那隻男性神鷹的子孫後代。作為"鷹的傳人"，他們的酋長必須頭插鷹羽，鼻似鷹鈎，族民們則要進行鷹的文身。他們的旗幟上會畫着雄鷹，村口則豎起一根雕刻着鷹頭的柱子，叫"圖騰柱"。隔三差五，逢年過節，他們便圍繞着這圖騰柱，吹起鷹笛，跳起鷹舞，就像帕米爾高原塔什庫爾干的塔吉克人。[15]

難怪形形色色的"牛鬼蛇神"會紛紛粉墨登場了。但這些原始民族的圖騰並不是閻王殿裏的牛頭馬面、黑白無常，反倒是些正派人，比如古埃及和古希臘的狼和鷹，古羅馬的馬和野貓，黃帝手下的熊、羆、貔、虎，少昊手下的鳳鳥、

玄鳥、青鳥、丹鳥，畬族和瑤族的盤瓠。當然，還有蛇。只
不過，它後來變成了龍，不再是生殖崇拜的象徵物，而是一
個大民族的總圖騰。

問題是，有了圖騰又如何呢？

天下就由女人的，變成了男人的。因為無論世界各民族
的圖騰是怎樣的五花八門，也無論它們是動物（比如鸚鵡）、
植物（比如球莖），還是自然現象（比如電閃雷鳴），反正都
是男性的，是讓族群的老祖母神秘懷孕的男神。

這當然並不可能。讓女人懷孕的，只會是男人。因此，
弄出一個神來做圖騰，其實就是要把那男人說成神，是男性
生育作用的神聖化和神秘化。這樣做，也顯然只有一個目
的，就是抬高男人的地位。也就是說，過去打下手的，現在
要當老闆。為此，先得冒充神靈，過把神癮。也因此，當男
人坐穩了江山，可以稱孤道寡唯我獨尊時，所有的圖騰便都
退出了歷史舞台，消失得無影無蹤。

圖騰的作用，不言而喻，一目了然。

但，自從太陽裏有了金烏，祭壇上有了蛇神，男人的地
位已大幅度提高，為甚麼還要高高地豎起圖騰柱？

也不完全是貪得無厭，得寸進尺。族群的擴大，恐怕是
重要原因。純自然形成的原始群非常弱小，因此是點。變成
氏族就已壯大，因此是面。氏族壯大以後，便分門別戶，裂

變為多個氏族。這些藕斷絲連的氏族，再加上周邊相鄰相近的七零八落，聯合起來就是部落，也就是片。

連成一片的部落，人更多，地更廣，事務更繁忙，關係更複雜。氏族成員都是血親，部落則還要加上姻親。七大姑八大姨，老丈人小舅子，妯娌連襟，舊友新朋攏在一起，當然需要凝聚力，需要總指揮，需要頂梁柱。非如此，不能將這些一盤散沙的大小氏族擰成一股繩，來發展生產力，對付野獸和敵人。

圖騰是必須的，問題只在是甚麼；核心也是必須的，問題只在誰來當。

牧羊鞭與指揮刀

堅強有力的領導核心，必須是男人，也只能是男人。

男人是雄性的動物，也是野心的動物。男權的確立，今天看來也許不對，但在當時卻勢在必行。滄海橫流危機四伏之時，族群需要的不是溫柔敦厚，而是鐵腕、鐵血和鐵面。因此，新生的部落不但需要雄心勃勃的男人來當核心，還需要強壯有力的動物來做圖騰。

比如牛。

生猛的牛，尤其是公牛和野牛，無疑比溫順的羊更有戰鬥力。事實上，炎帝能夠成為華夏民族的始祖之一，就因為他們在當時便出類拔萃，比其他部落更有進取心。惟其如此，他們才會從西部出走，就像當年猿群中走出森林的那一支。也許，羊曾做過他們的圖騰。也許，留在西部的其他羌人部落，仍會以羊為圖騰。但遠走他鄉的這些改革者，卻必須更換旗號。

當然，他們不會想到，這種更換竟是劃時代的。

中華民族的史前史，經歷了三個歷史階段：氏族、部落、國家的誕生。表現為文化模式，則分別是生殖崇拜、圖騰崇拜和祖宗崇拜。祖宗崇拜是圖騰崇拜的順延，我們以後再說；圖騰崇拜則是生殖崇拜的革命，是此刻的事情。它很可能就發生在姜人東遷的途中。牛替代羊，則意味着革命成功。

生殖變成圖騰，怎麼就是革命呢？

首先，生殖崇拜男女平等，甚至女先男後；圖騰卻只崇拜男性，男尊女卑。其次，生殖崇拜萬物有靈。女性的魚、蛙、月亮，男性的鳥、蛇、太陽，都是崇拜對象。圖騰崇拜卻是定於一尊，每個部落都只有一個圖騰，而且它們遲早要歸於一統，就像上下埃及兼併後的神鷹荷魯斯。更重要的是，生殖崇拜代表氏族時代，圖騰崇拜代表部落時代。氏族的首長是氏族長，部落的首長是酋長。氏族長是勞動者，手裏拿的是牧羊鞭；酋長是領導者，手裏拿的是指揮刀。

這，難道還不是革命？

現在已難確知，在那革命的緊要關頭，都發生了甚麼事情。也許，一切都是靜悄悄的，更沒建立檔案。惟其如此，留給歷史的才會是一片撲朔迷離。

比方説，蛇、羊、牛，究竟是生殖崇拜的象徵，還是圖騰崇拜的對象？都是，又都不是。蛇，如果後來沒成為圖騰，就不會變成龍。牛，如果不曾是生殖崇拜的象徵，就不會變成圖騰。可見同一事物在不同時期有不同身份，如果混為一談，那不是歷史的錯。

何況線索也很清晰，那就是先有女性生殖崇拜，後有男性生殖崇拜，然後變成圖騰崇拜。因此，姜人和羌族的羊，就必須一變再變。起先是牧羊女，這就是姜。然後是牧羊人，這就是羌。下一步，應該是變成牧羊犬，就像畬族和瑤族的盤瓠；或者牧羊神，就像古希臘的潘。可惜，這一環節遺失了證據。結果，便跳躍式地直接變成了牛。

作為牧羊女的子孫，羌或姜來到了歷史的岔路口。他們一部分留在西部，成為羌族；另一部分則來到中原，成為炎帝族。炎帝族帶來了自己的西戎文化，也融合了中原的本土文化，包括伏羲族傳入中原的東夷文化或南蠻文化。

也就在那時，伏羲交出了接力棒。

部落的時代開始了。牛首人身的炎帝為它揭幕剪綵，牛圖騰的旗幟高高飄揚。

彈指一揮，換了人間。

蛇的第二次出場

事情已經清楚，羊女變羔人，是革命的關鍵時刻。

我們不知道，在那微妙敏感的彈指之間，是女人主動讓賢，還是男人強勢奪權。如果是後者，那麼，蛇在其中一定起了很壞的作用。

蛇是一個狡猾的傢伙，它潛伏了很久。

實際上，蛇也是二次出場。第一次是在夏娃的時代，把生殖變成了性。那時它是性感而坦誠的，是背了黑鍋的無名英雄。功成之後，蛇退隱，蛙上台。蛙或女媧又把性變成生殖，發明了生殖崇拜。生殖變成性，動物就變成了人。生殖崇拜誕生，自然就變成了文化。

人類的兩次前進，蛇和蛙都功不可沒。

　　因此，按照輪流坐莊的原則，蛇當然要再次登台。只不過，誰都沒有想到，性感坦誠的蛇會變得邪惡、狡猾和貪婪。它這個台，居然一坐就是幾千年。更讓人想不到的是，它這回的目的不是讓女人快活，而是要自己快活，並且剛一上台就恩將仇報，翻臉不認人。它不但獨霸了歷史舞台，還利用手中的公權力，私下裏把女媧變成了蛇。

　　這可堪稱用心險惡。

　　然而冒充醫生的蛇，做完手術後就擦掉了所有的指紋，銷毀作案工具，迅速撤離現場。自己也改頭換面變成了牛，滿臉的無辜。結果，“女媧是蛇”的彌天大謊，便哄騙了眾多的書呆子和老實人。

　　可惜蛇再狡猾，也想不到它的同案犯會留下證據。這個同案犯就是鳥，證據則是一系列的“鳥啄魚”或“鳥銜魚”圖案。這種圖案，直到明代的磚刻上都有。這些蛛絲馬跡雄辯地證明了，蛇吞蛙，鳥食魚，不但在自然界屢見不鮮，在歷史上也曾是驚人的一幕。[16]

　　蛇，為甚麼能得逞？

　　根本原因在於經濟。在母系氏族社會的後期，其實已有財產的權屬。雖然那時還是“夫從妻居”，但如果分手，男人可以帶着勞動工具、牲畜和糧食一走了之，女人則只能留着她的鍋碗瓢盆，坐守空巢，招降納叛。

①西周青銅器鳥魚紋
②漢代畫像石鳥啄魚紋
③秦漢瓦當鳥銜魚紋
④晉代金飾品鳥銜魚紋樣
⑤臨汝閻村出土彩陶缸鳥銜魚圖
⑥寶雞北首嶺出土細頸彩陶壺上鳥啄魚紋樣
⑦明代織錦鳥銜魚紋樣
⑧明代磚刻鳥銜魚紋樣

　　這事不能以今度古。那會兒可沒甚麼房地產，男人擁有的要值錢得多。比如牲畜，可以吃也可以用，是生活資料也是勞動工具。何況到了後來，男人還有了新的"牲畜"。這就是奴隸，是男人獵獲的戰俘。而且這些最廉價的勞動力正如恩格斯所說，還跟牲畜一樣是很容易繁殖的。

　　這時的男人既是資本家，又是統治者，錢包鼓鼓，如狼似虎。

　　財大必然氣粗。創出產業的男人再也無法容忍血緣按照母系計算。因為那意味着自己掙下的家當跟親兒子一點關係沒有，丈母娘和小姨子倒有份，甚至會劃到另一個男人孩子的賬上。要知道，那時的女人是可以有許多性夥伴的。

　　因此，這種制度必須廢除。

　　事實上它也被廢除了。這雖然是人類經歷過的最激進的革命之一，但當真做起來卻比現在房產過戶還簡單。然而女人卻從此失去了財產權，包括所有權、支配權和繼承權。與此同時，她們也喪失了政治權，包括參政權、議政權、執政權、選舉權和被選舉權。這些權利，即便在古希臘的民主時期，女人也是沒有的。

　　在舊中國，她們則還要被剝奪祭祀權。這在古代社會，可是最重要的權利。

　　沒有祭祀權的女人，死都死得不一樣。在甘肅臨夏秦魏家，考古學家發現了父系氏族時代的古墓。在十餘座夫妻合葬墓裏，男人都是仰面朝天，大大咧咧；女人都是彎腿側身，委委屈屈。男尊女卑的意思，一清二楚。

這才真是死不平等。

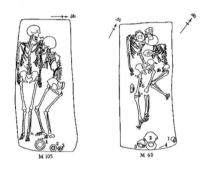

◎甘肅臨夏秦魏家人殉示意圖

謀殺與強姦

女人的失敗，一半因為無奈，一半因為心軟；從母系到父系，從氏族到部落，則既有和平演變，又有血腥鎮壓。

這當然都因為蛇。

蛇，不但是一個狡猾的傢伙，也是一個殘忍的傢伙。先民十分怕蛇。平時走路，見面詢問"有沒有蛇"，都只敢說"有它無"。所以，男性生殖崇拜的最早象徵不是蛇，而是比較可愛的鳥，後來又有蜥蜴和龜。可見，起用蛇，本身就意味着邪惡和暴力，一開始恐怕就是陰謀。

蛇的罪行有兩條：謀殺和強姦。

謀殺的對象，是婚後生的第一個孩子。他必須被殺掉或吃掉，叫"殺首子"。最人道的做法也是扔掉，叫"棄子"。

這當然是為了男人的財產，不至於落到某個野種的名下。畢竟，在性自由的原始時代，法定的父親確實無法知道那個孩子是自己的，還是別人的。那時又沒親子鑒定。

這種慘無人道的惡俗和陋習，後來當然被徹底廢除。但這決不是哪個男人發了善心，只因女人的貞潔有了保證。事實上，新婚之妻如果是處女，殺首子就不但沒有必要，而且愚蠢透頂。

吊詭的是，女人守貞卻可能是男人強姦的結果。

這個彎轉得實在太大，也只能長話短說。簡單地說，守貞在原始時代，原本是女人的權利，也是權力。權利不是義務，它可以行使，也可以放棄。守貞權也一樣。因為愛情，只跟某一個男人做愛，是行使；為了快樂，隨便跟任何男人上床，是放棄。無論行使還是放棄，都體現了她的自由與尊嚴。

因此，要想女人不是為她自己，而是為了男人，甚至為未婚男人守貞，就只有剝奪她們的自由，摧毀她們的自尊。

強姦，無疑是最直截了當的辦法。某些特別惡毒的男人，甚至有可能會選擇在月經期強姦。目的，就是要給女性那脆弱的心靈，以沉重而致命的打擊。

蛇的狡猾，正在於此；蛇的殘忍，也在於此。

現在已難講清，以性器為武器，是有意還是無意。但可

以肯定，男人一旦決定進攻，女人是打不贏的。從此，守貞
不再是女人的權利，而是她的義務。她不但可以守貞，而且
必須守。至於男人，卻可以繼續尋花問柳。後來，還可以公
開合法地納妾，半公開半合法地嫖娼，以及玩弄男童。氏族
社會的血色黃昏，揭開了部落時代和男權社會的序幕。

　　女人失去了自由，男人獲得了霸權，這無疑是女性的失
敗。而且恩格斯還說，這種失敗是世界性和歷史性的。

　　但，男人也不要高興得太早。

　　男人有男人的問題，這就是"雄性的嫉妒"。它對於"共
居生活的群"天然地具有破壞性，更是一個集團可持續發展
的大敵。動物沒有這個問題，是因為雄性只在交尾期嫉妒，
擇偶權又在雌性。但此刻的人類社會，卻是男人"要甚麼便
有甚麼，喜歡誰便是誰"，你怎麼保證他們不打起來？[17]

　　所以，母系的社會可以各得其所，男人的江湖卻需要擺
平。何況除了得到女人的身體，還有土地的爭奪，邊境的糾
紛，水源的佔有，財產的謀取。這些都要靠拳頭說話，也只
有拳頭說話才管用。

　　更何況，部落酋長手中拿的，還是指揮刀。

　　戰爭一觸即發，戰爭也無法避免。比方說，向蚩尤宣戰，
跟黃帝火併。

血楓林中升起的，是黃帝的戰車。
他不得不在戰爭與和平之間，作出艱難的選擇。

第五章

黃帝出場

黃帝不姓黃

黃帝出場時，很拉風。

黃帝大約是在春秋晚期，跟炎帝一起出現在先秦典籍中的。《左傳》和《國語》，便都是炎黃並稱。然而他倆的命運卻有天壤之別。炎帝一路滑坡，每下愈況，到司馬遷時便不知所云；黃帝則與時俱進，一路飆升，到戰國時已宛若神明，後來更成為中醫學和房中術的發明人。

韓非描述了黃帝出行時的盛大場面——左右兩邊六條蛟龍，護衛着大象駕轅的專列；鶴身人面一條腿的神鳥畢方擔任副駕駛，銅頭鐵額飛沙走石的神獸蚩尤擔任清道夫；騰蛇在地下保駕，鳳凰在天空護航；兩驂如舞，龍鳳呈祥，警車開道，風雨除塵，前呼後擁，大合鬼神。[1]

好有氣勢的排場，難怪他叫黃帝了。

黃帝其實就是皇帝，但不是坐在未央宮或紫禁城欺世盜名的那些傢伙。秦皇漢武唐宗宋祖之流，都不過無恥地盜用了這神聖的名義。

甚麼是皇？甚麼是帝？帝在卜辭中，原本指天神和上帝；皇在《詩經》中，則只是動詞、形容詞和感歎詞。實際上，帝就是花蒂，即締造者。皇則是輝煌，是一輪紅日從地平線上冉冉升起。

◎甲骨文的“帝”（甲七七九帝臣）

◎金文的“皇”（促辛父簋）

因此，皇帝就皇天上帝，或相當於皇天上帝。它的本義是：旭日東升般燦爛輝煌，花蒂一樣創造了生命，我們鮮花盛開之民族的偉大締造者。

想那時締造者一定很多，比如燧人氏燧皇，女媧氏媧皇，伏羲氏羲皇。他們也都後繼有人。於是“皇帝”只好四分五裂，一變而為三皇五帝。五帝也有時間和空間的兩種。

　　時間的是黃帝、顓頊（讀如專須）、帝嚳、堯、舜，空間的則是東方青帝，西方白帝，南方赤帝，北方黑帝，中央黃帝。

　　白青黑赤黃，對應着金木水火土，看起來很好。

　　可惜遠古的歷史越是整齊，就越是可疑。以五行說五帝，更不靠譜。事實上，這很可能是秦和漢的"顏色革命"。劉邦就說，秦始皇只祭祀白帝、青帝、黃帝和赤帝，黑帝的位置明擺着是給我留下的。[2]這種鬼話，你也信？

　　黃帝，並不姓黃。

　　然而黃帝確實是偉大的締造者，也是偉大的發明家。他號稱軒轅氏，就是證明。軒就是車，轅則是駕車用的直木或曲木。殷周獨轅，漢以後雙轅。沒有軒轅，或不是車的發明人，怎麼能叫軒轅氏？

　　古人說，這是因為黃帝住在軒轅丘，位置則在今河南省新鄭市西北。[3]可惜這同樣靠不住。想想就知道，如果不是先有軒轅，哪有地名叫軒轅丘？華盛頓叫華盛頓，是因為住在華盛頓嗎？所以事情恐怕恰恰相反，軒轅丘是因黃帝而得名，正如中山路。

　　這就厥功甚偉。要知道，埃及人的馬車是尼羅河文明開始一千多年後，才由希克索斯人引進的；中美洲在十五世

紀末歐洲人入侵前，既沒有馬也沒有車。[4] 所以黃帝造車，
曾遭人質疑。但同樣被質疑的古埃及紙草船和金字塔，已被
挪威探險家海爾達爾和日本考古學家證明了建造的可能。可
見古老民族的創造力，其實超出我們的想象。黃帝的龍驂象
車，也不會是太空船。

　　因此，他老人家有資格享受這樣的排場：駕象車而六蛟
龍，畢方並轄，蚩尤居前；風伯進掃，雨師灑道；虎狼在前，
鬼神在後；騰蛇伏地，鳳凰覆上。

　　嘿嘿，磁懸浮！

身世之謎

但，風光無限的黃帝，出身卻是個謎。

相關的說法當然有。如此偉大的締造者，豈能沒有出身？就算瞎編，也得弄出一個。比如《國語》便說"少典娶有蟜（讀如角）氏女，生黃帝、炎帝。"這個說法被司馬遷採信，但略去了炎帝。是啊，炎帝實在說不清。何況炎黃相距五百年，[5] 天底下哪有這樣的兄弟？

其實，根本就犯不着憑空捏造甚麼爹娘。這種自作聰明的辦法只能是製造麻煩，因為又多出個更加來歷不明的少典和有蟜。誰是少典？有蟜又是誰？沒人知道。也有人說少典其實是國名，這又哪裏有譜？

靠得住的，也許是黃帝姓姬。也許。

　　但，説黃帝姓姬是因為住在姬水，可就跟説他號稱軒轅是因為住在軒轅丘，同樣靠不住。高老莊的人姓高，李家村的人姓李，是因為住在高老莊和李家村嗎？再説了，軒轅丘在今河南省新鄭市，姬水在今陝西省武功縣，夠得着嗎？

　　沒錯，因地得名的事確實有，比如易氏就得名於易水。但那種方式得到的是氏，不是姓。姓表示的是所生之族，氏才表示所居之地。[6] 姓比氏早得多，甚至早於地名，氏則在地名和官名之後。也就是説，寶雞市那條河叫姜水，很可能是因為炎帝姓姜；武功縣那條河叫姬水，也很可能是因為黃帝姓姬。

　　姓姬，又怎麼樣呢？

　　有點麻煩。

　　黃帝的姬，確實比炎帝的姜難以理解。姜和姬都是母姓，這沒有問題。炎帝姓姜是因為媽媽姓姜，黃帝姓姬是因

◎甲骨文的“姬”（前一·三五·六）

◎金文的“姬”（商尊）

為媽媽姓姬，也沒問題。炎帝的姜媽媽是牧羊女，更沒問題，羌族就是西戎牧羊人嘛！黃帝姓姬卻很奇怪，總不能說他的姬媽媽是牧雞女，他那個族群是牧雞族吧？[7]

當然不能。實際上，姬的甲骨文字形，是一名女子跪坐席上，面對一個疑似箆子或梳妝台的東西，正在理順頭髮，或佩戴飾物。[8]

這樣的女孩子，能是甚麼人，又該是甚麼人？

漂亮妞呀！

沒錯！姬在後世的第一種用法，就是美女。所謂淑姬、吳姬、仙姬，還有朝鮮的金姬和銀姬，都是。

不過這樣一來，麻煩就更大了。姓，是表示"所生之族"的。羌族牧羊，當然姓姜。姓姬的又放牧甚麼呢？梳妝台嗎？何況一個族群，怎麼會把漂亮妞當作旗號？難道她們是靠天使臉蛋和魔鬼身材過日子的？

也有兩種可能。

一種，是這個族群的女人太漂亮了，別人看了喜歡，自己也很得意，因此自稱或被稱為"美女族"。另一種可能，則是因為戰敗而淪為舞女或侍妾，甚至性奴。要知道，姬，可以是美姬，也可以是歌姬和寵姬。

事實上，卜辭中的姬與婢，往往通用或連用。[9]比如"姬于妣辛"就是給妣辛做婢女，"姬婢二人"則是一姬一婢。

　　原始時代的戰爭極其殘酷，戰俘的命運也非常悲慘。為了節省糧食，男的往往被殺死，女人則酌情留用。身壯有力的就做粗使丫頭，為婢；美貌性感的就做舞女侍妾，為姬。黃帝的母親，完全有可能作為戰俘又因為美貌而被收房，成了少典酋長的通房大丫頭。

　　姬，到底是美女族，還是性奴族？

　　不知，也用不着確知。有些事情，如果注定無法弄清也不必弄清，那就讓它永遠是謎。我們只要知道後來都發生了甚麼，就好。

　　黃帝族崛起的前夜，何妨留下一片寂寞。

拐點

　　功成名就的黃帝，照例要改身份證。

　　這事非做不可。就算黃帝自己不做，別人也要幫他。因為只有更換旗號，才能告別過去，開創未來。

　　炎帝就這樣做了，他的方式是變更圖騰。

　　黃帝也有圖騰嗎？當然有，也應該有。生殖崇拜轉變為圖騰崇拜，是部落區別於氏族的緊要之處。只不過，黃帝的圖騰是甚麼，卻眾說紛紜。

　　多數人認為是熊，因為黃帝號稱有熊氏。有，是語助詞，無義，故"有熊"就是"熊"，熊也就是黃帝的圖騰。但也有人說是龜，因為周人曾說："我姬氏出自天黿"。[10] 天黿就是神龜，也就是軒轅。還有人說是龍或蛇，因為《山海經》

説軒轅國人都是人面蛇身，何況姬通巳，巳就是蛇。此外，還有説是雲、鳥、太陽、水土、星象、車輛的。

當然，更有人主張根本就沒有圖騰。

這可真是一筆糊塗賬。

學術界攪成一鍋粥，是因為葫蘆僧判斷葫蘆案，搞"泛圖騰論"。比如説有蟜氏以蜜蜂為圖騰，有巢氏以樹木為圖騰，燧人氏以石或火為圖騰，南方各部落以蛇為圖騰，東方各部落以魚為圖騰。但，燧人氏那會兒，哪有圖騰？魚是女性生殖崇拜的象徵，又怎麼會是圖騰？

這樣的圖騰觀念和研究，確實跡近信口開河。

黃帝族到底有沒有圖騰？如果有，又是甚麼？無妨繼續討論。它們或許有學術價值，但沒有歷史價值。或者説，不是有意義的歷史。

甚麼是有意義的歷史？變化、轉折、進程、區別、拐點。

比如有沒有圖騰，是部落與氏族的區別，不是部落與部落的區別。所以，炎帝的圖騰必須討論，黃帝的則可存而不論，愛誰是誰。

那麼，炎與黃，區別在哪裏？

氏。

黃帝是正兒八經有氏的，還有好幾個，比如軒轅氏和有熊氏，此外還有縉雲氏、帝鴻氏、帝軒氏。炎帝卻多半沒有，除非他就是神農氏。可惜炎帝與神農的關係，筆墨官司打了兩三千年，也沒弄清楚。何況就算炎帝是神農，也不等於他有氏。因為神農氏的氏字，很可能是後加的，就像燧人氏、女媧氏、伏羲氏。燧人、女媧、伏羲那會兒，有氏嗎？沒有。

氏，沒準也是黃帝的發明，而且這個發明還是劃時代的。它比發明車子、衣服、曆法、算學、中醫和房中術，意義都重大得多。

事實上，氏是破解黃帝之謎的第二個關鍵詞，也是歷史的拐點，因為姓與氏有三大區別：姓屬母系，氏歸父系；姓為先有，氏則後來；姓別婚姻，氏別貴賤。所謂"姓別婚姻"，就是説同一母系的兄弟姐妹不能有性關係，叫"同姓不婚"。這當然是母系時代的觀念。相反，氏別貴賤，則不但意味着以父系計算血緣，還意味着以父系區別地位。父系制度完全確立，階級觀念初步萌生，這當然比有姓無氏的炎帝族，更成熟也更高級。

於是黃帝理所當然地成了江湖老大。

當了老大，就得有老大的樣子。確定自己的氏，是部落時代後期黃帝或黃帝族濃墨重彩的一筆。

用甚麼擺平江湖

黃帝的氏有好幾個。最重要的除了"有熊"，便是"軒轅"。軒轅就是車，軒轅氏則是造車的人。"有熊"重要不奇怪，因為可能是圖騰，"軒轅"又有甚麼要緊呢？

有熊是標誌，軒轅是實力。

那會兒畢竟還是石器時代，任何一項科學技術的發明都有可能改變歷史，更有可能改變族群的地位和命運，何況是車？車，無論是馬車還是牛車，哪怕只是人力車，都是了不起的發明。它不但是生產工具和交通工具，還能夠成為戰鬥武器。春秋的戰爭，就是車戰。因此，如果黃帝當真發明了車，那他就會擁有天下最大的兵工廠。他的武裝力量，也會是所向無敵的坦克部隊。

這可比説甚麼都管用。

反正不管怎樣，黃帝族在當時，一定技術最先進，生產力最發達，綜合實力最強。於是五湖四海的大小部落和氏族紛紛側目。他們或者示好，或者結盟，或者投靠，這就是《史記》所謂"諸侯咸來賓從"。賓，就是歸順；從，就是服從；所謂諸侯，則是黃帝以外的各類族群。

賓從的結果是出現了"獨聯體"。但不是"獨立國家聯合體"，而是"獨立部落聯合體"。黃帝，就是獨聯體的總舵主。

黃帝時代的獨聯體，比炎帝時代的部落大，比堯舜時代的聯盟小，規模和性質則處於二者之間。如何處理關係，怎樣擺平江湖，當然是個問題。何況到了後期，包產到戶的小族群，慕名前來的新成員，都已經很多。這就得像梁山泊英雄排座次，也弄出三十六天罡，七十二地煞來。

考驗政治智慧的時候到了，黃帝的手段又是甚麼？

氏與軒冕。[11]

前面説過，姓別婚姻，氏別貴賤，別貴賤的辦法則是"軒冕有別"。軒冕就是軒車和冠冕，這當然都是權貴們才能享用的東西。別軒冕，就是管理社會靠待遇。坐甚麼車，駕甚麼船，或者只能步行，有一定之規；穿甚麼衣，戴甚麼帽，或者只能光膀子，也有一定之規。而且，是甚麼氏，就用甚麼樣的軒冕。

很清楚：軒冕是顯貴的 Pass，正如圖騰是部落的 Logo。

何況做起來也不難。因為獨聯體的各分舵，原本就有自己的圖騰，比如熊、羆、貔、貅、貙、虎。圖騰不同，軒冕當然有異。現在，只要按照各自的實力，分個三六九等，排個上下高低，再規定一下尊卑貴賤，就行。

這簡直就是順水推舟，而且是更重大的發明。

事實上，有了這樣一套遊戲規則，許多事情就有話好商量，不必動輒出手。而且，只要認同軒冕的安排，就都是"自己人"，是"黃帝族"，不用管原來是哪個族群。

這叫甚麼呢？

這就叫"以利益均沾的合理分配贏得和平共處，用尊卑有序的文化符號實現身份認同"。

對！以文化論族類，以待遇換和平。

我們不知道，黃帝怎麼會想出這個辦法，莫非與性格有關？古人說，炎帝火德，黃帝土德，看來有點道理。以牛為圖騰的炎帝族可能比較暴烈，黃帝則比較厚道。因此，同樣比較厚道的周人便全盤繼承了這些智慧，創造了井田、宗法、封建和禮樂四大制度。難怪周人堅持說自己是黃帝之後，而且姓姬了。

可惜，儘管黃帝因為發明軒冕而號稱軒轅，也儘管後世儒家一再宣稱"垂衣裳而天下治"，[12]但樹欲靜而風不止。

　　也就在黃帝躊躇滿志的時候，一個強勁的敵人來到了他的面前。這個敵人是那樣的英勇善戰，百折不撓，所向披靡，根本就不理睬甚麼軒冕那一套。

　　黃帝不得不在戰爭與和平之間，做出艱難的選擇。

　　這個勁敵就是蚩尤。

戰神蚩尤

蚩尤最後還是戰敗了。

戰敗的蚩尤得到了勝利者最大的尊重。他被奉為戰神，號稱"兵主"，在封禪大典中，是繼"天主"和"地主"之後第三個被祭祀的神。[13] 他的形象畫在了勝利者的軍旗上，讓黃帝麾下的將士備受鼓舞士氣高漲，令其他那些反政府武裝力量聞風喪膽，知難而退，不戰而降。[14]

這是怎樣的對手！這是怎樣的敵人！

蚩尤是九黎族部落的酋長，[15] 九黎則可能是九個部落的聯合體。每個部落，又各有九個兄弟氏族，因此號稱八十一兄弟。他們應該叫九黎或九黎族，不應該叫蚩尤族。因為蚩和尤，都不是甚麼好詞。

　　蚩，從蟲。蟲就是它，它就是蛇。蚩字上面那部分是止，即腳趾頭。所以蚩就是"蛇咬腳"。[16] 尤則是錯咎、災難、罪過，比如"以儆效尤"；又引申為怨恨、歸咎、責怪，比如"怨天尤人"。

　　很清楚，蚩尤就是蛇災。

　　九黎，為甚麼會叫這個名字呢？也許意思是"蛇災地區的人"。這就正如意大利那位偉大的藝術家萊昂納多·達·芬奇，本名"萊昂納多"，"達·芬奇"的意思是"來自芬奇"。

　　當然，蚩尤也可能是敵人對九黎的稱呼。

◎甲骨文的"蟲"
（鐵四六·二）

◎金文的"蟲"
（蟲鼎）

從以上兩個字形看，很明顯就是蛇。

◎甲骨文的"它"
（前七·九·四）

◎金文的"它"
（封孫宅盤）

◎甲骨文的"止"
（甲一四四〇）
孫治讓先生認為是
"象足而有三指"。

◎古陶文的"止"
（I·5獨字）
更明顯地就是腳
趾頭。

事實上，尤，有突出特異的意思，比如"尤物"。陳獨秀就說，尤物、狐媚、虎威，是同一類型。[17]女人媚得像狐狸，就叫"狐媚"；男人凶得像老虎，就叫"虎威"；一個部落如果恐怖得有如蛇災，那就叫"蚩尤"。這就好比一個女人叫"狐狸精"，絕不可能是她的本名。

九黎被叫做蚩尤，大約也是因為既異類，又可怕。

的確，在傳世的所有典籍中，蚩尤都是讓人望而生畏的。他們獸身人言，吞沙食石，銅頭鐵額，刀槍不入，十八般武藝樣樣精通，還能呼風喚雨，騰雲駕霧。[18]遇到這樣的勁敵，誰不膽戰心驚？

直到勝利之後，炎黃還心有餘悸，又敬又畏。

想那時黃帝一定十分頭疼。戰，輸贏難定且不說，就算贏了也有悖於自己的原則或標榜，勝之不武。不戰？由不得你。

何況那時的中原大地上，還有一個"老牌帝國主義者"炎帝。他們經營了很久，並不甘心退出歷史舞台。打個比方，黃帝好比二戰時的美國，炎帝好比英國，蚩尤好比德國，但不是法西斯。

顯然，禮讓是不行的，禮儀也是沒用的，管用的只有刀槍。

炎、黃、蚩尤之間，必有一戰。

　　這是遠古時期的"三國演義"，起因和過程卻是一筆狗肉賬。說法之一，是黃帝先與炎帝戰於阪泉，然後才與蚩尤戰於涿鹿。之二，是蚩尤先侵犯炎帝，炎帝求救於黃帝，二帝組成聯軍。之三，是蚩尤挑戰黃帝，黃帝應戰。之四，是炎黃共滅蚩尤後，又在阪泉三次大戰，再決雌雄。[19] 孰是孰非，不得而知。

　　戰爭的慘烈卻毋庸置疑，交戰雙方都使用了大規模殺傷性武器和非常規手段。據說，蚩尤請來風伯雨師大作風雨，黃帝則請出天女旱魃抗洪救災；蚩尤佈下漫天大霧，黃帝則發明指南車突出重圍。還據說，黃帝能夠取勝，乃因九天玄女密授兵信神符。[20] 巫術、科學、宗教輪番上陣，只差細菌戰和原子彈。

　　想當時一定天昏地暗，屍橫遍野，血流成河。難怪蚩尤死後，身上的木枷要化作楓林。[21] 每到秋天，便是漫山遍野的紅，如火，如焰。

　　那是血染的楓林。

　　血楓林。

風展龍旗如畫

血楓林中升起的，是黃帝的戰車。

戰車在天地之間巡航，下有騰蛇，上有鳳凰；後有鬼神，前有虎狼；拉套的驂騑是蛟龍，護駕的驂乘是畢方；而駕着警車開道的，竟是蚩尤。

蚩尤不是死了嗎？怎麼又成了黃帝的馬前卒？

這不奇怪。在遠古，族長與氏族、酋長與部落是同名的。比如伏羲族的氏族長都叫伏羲，炎黃兩族的酋長都叫炎黃，就像秦漢以後的天子都叫皇帝。秦始皇就說，自己是始皇帝，後面的叫二世、三世、四世，直至萬世。只不過，秦二世而亡。後來的皇帝，也不再叫二世三世。在位時叫皇帝，駕崩後給個諡號（比如文帝、武帝），再給個廟號（比如太祖、太宗），這才區別開來。

可惜遠古沒這規矩。伏羲和炎黃，並不叫伏羲一世、伏
羲二世、伏羲三世等等，也沒有廟號和諡號。再說我們也不
清楚，九黎族酋長的本名是甚麼，總不能叫"黎叔"吧？

也只好還叫"蚩尤"。

蚩尤也是有一世、二世、三世的。兵敗被殺的是前任，
警車開道的則是繼任。據說，他還擔任了黃帝的總參謀長。
[22] 餘部，有的被黃帝收編，有的退回南方。直到西周，他們
還被稱為"黎民"。[23]

黎民也是先祖，決不能以成敗論英雄。

因此，華夏民族的始祖應該是三個代表：炎帝、黃帝和
蚩尤，我們是炎黃和九黎的共同子孫。

把他們統一起來的，是黃帝。

事實上，黃帝成為華夏民族最重要的始祖，就因為他能
不計前嫌，兼收並蓄，搞統一戰線。正是他，把普天下的牛
鬼蛇神都聯合起來，形成了起先稱為夏族，後來稱為華族，
再後來稱為華夏之民族的胚胎。雖然這時，黃帝族還不能叫
夏族，甚至不能叫民族，只能叫部族，或部族的雛形。

黃帝的戰車上，一定飄揚着龍旗。

似乎並無必要弄清，龍究竟是不是黃帝族的圖騰。沒
錯，有熊氏怎麼也扯不到龍身上去，九黎族的圖騰反倒可能

是龍蛇。如果黃帝竟能以戰敗者的圖騰為新複合圖騰的主體，那度量也真是大得驚人。

其實就連龍是不是華夏民族的圖騰，甚至是不是圖騰，都沒有必要較真。的確，龍的形象早已出現，比如五花八門的魚龍、蟠龍、鳥首龍、鱷魚龍、鹿首魚尾龍、豬首牛角龍。[24] 但，彼龍未必是此龍。何況就算是，你也無法證明黃帝就一定不會古為今用，再借殼上市。比方說，蛇就原本只是生殖崇拜的象徵，後來不也變成了圖騰？

更何況，一個民族總是需要凝聚力的。這就要有一個核心，一個儀式，一個象徵，一個可以在它上面寄託感情的對象。國旗、國徽、國歌的意義，長江、長城、黃山、黃河的意義，就在於此。它們當然不是人類學意義上的圖騰，卻可以看作政治學和社會學的"廣義圖騰"，即象徵物或 LOGO，就像十字架、新月形和大衛星。

龍，也如此。

因此，無妨"祭如在，祭神如神在"。換句話說，既然大多數華人都把自己看作"龍的傳人"，把龍看作"族的圖騰"，那又何不"權當他是"？

實際上，關於黃帝族圖騰的說法如此之多，恰恰證明在黃帝時代的後期，已經有一個多部落的鬆散聯合體。其中有炎帝族，有黃帝族，有九黎族，還有東方的夷族，西方的戎族，南方的蠻族，北方的狄族。他們的關係是若即若離的，有戰有和，也有通商和通婚。

部落聯盟的時代，即將到來。

而且，這個時代也有三個代表，他們就是堯、舜、禹。

滔天的洪水之中，一個新的政權勃然崛起。
脈脈溫情的禪讓制背後，是殺機暗藏的驚天大案。

第六章

堯舜下課

真有堯舜嗎

提起堯舜，許多人就兩眼放光。

堯舜是中國歷史上備受推崇的聖人和聖王。最好的時代叫"堯舜之世"，最好的帝王叫"堯舜之君"，最高的理想叫"人皆可為堯舜"。就連不信三皇五帝的毛澤東，也說"六億神州盡舜堯"。

顯然，這是世俗的上帝，道德的上帝，政治的上帝，統治階級的上帝。

這樣的上帝，從來就很可疑。[1]

堯舜也一樣。他倆來歷不明，形跡待考，身份不清。作為五帝的最後兩位，堯舜是人？是神？半人半神？氏族部落？不知。

　　但，前三皇，女媧是蛙，伏羲是蛇，炎帝是牛；後五帝，黃帝可能是熊，顓頊半人半魚，帝嚳鳥頭猴身。就連堯的司法部長皋陶，也是鳥嘴或馬嘴；文化部長夔，則是獨腳神牛。[2] 這些都是牛鬼蛇神，或半人半獸，怎麼一到堯舜就一片人間煙火？

　　何況堯舜之後或同時，還有鯀和禹。鯀，其實是魚；禹，則可能是蟲，或蛇，甚至龍。[3]

◎金文的"鯀"（鯀還鼎）　　◎金文的"鯀"（牆盤）

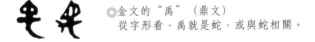

◎金文的"禹"（鼎文）
　從字形看，禹就是蛇，或與蛇相關。

　　好嘛！前則百獸率舞，中則馬牛同台，後則魚龍並出，唯獨夾在當中的堯和舜純然是人，豈非咄咄怪事？而且，舜叫"姚重華"，堯叫"姬放勳"，像遠古的人名嗎？還有人說堯叫"伊祁放勳"，[4] 日本人呀？

　　嘿嘿，就連名字，都像是編出來的。

　　事實上，孔子之前，根本就沒人提到過堯舜。在最古老也最可靠的典籍《詩經》中，他倆連影子都沒有。《尚書》雖然也古老，《堯典》和《舜典》卻是贗品。真正開始說堯舜的，是《論語》、《墨子》和《孟子》。

這就很不合情理。

按照後世儒家包括司馬遷的說法，夏商周三代的始祖，都曾是堯舜的臣屬。夏的始祖禹是舜的接班人，商的始祖契（讀如謝）是堯的民政部長，周的始祖棄（后稷）是堯的農業部長。也就是說，堯和舜，是夏商周三代的始祖的"老領導"。沒有堯舜禹，就沒有夏商周。

然而《詩經》當中，周人的作品《大雅》，魯人的作品《魯頌》，殷人或殷人後代宋人的作品《商頌》，卻都只歌頌禹，不歌頌堯舜。難道殷、宋、周、魯之人，都把老祖宗忘了？而且這兩位老祖宗，從夏到商再到西周東周，一直無人問津，到春秋戰國卻大放異彩，難道是"出土文物"？

很有可能。

的確，堯和舜，如果完全子虛烏有，孔子就不會一講再講；如果當真功勳蓋世，《詩經》就不會隻字不提。因此事實也許是：堯舜曾經存在，但既沒那麼神，也沒那麼聖，根本不是後人說的那個樣子。而且，因為並不偉大，所以《詩經》置若罔聞；由於畢竟存在，因此後人可以大做文章。

大做文章的原因，是春秋戰國之際禮壞樂崩，世風日下，人心不古。孔子他們要打鬼，必須藉助鍾馗；要推銷自己的政治主張和政治理想，也只能戰戰兢兢地請出亡靈，託古改制，借屍還魂。堯和舜，弄不好就是他們從某個並不起眼的故紙堆裏挖掘出來，再按照道德楷模的標準，包裝上市的“創業板”。

可惜榜樣的力量從來就很有限，造出來的也總歸不是真傢伙。我們讀堯舜的傳記，實在看不出他倆的偉大之處，只知道堯是很簡樸的，舜是很孝悌的。堯過的日子，連門房都不如；[5] 舜的父親和弟弟一再陷害謀殺他，他卻以德報怨。一個老勞模，一個受氣包，怎麼就成了神聖？

相反的故事倒是印象深刻。有個名叫壤父的八十歲老頑童就不客氣地說：“我日出而作，日入而息，鑿井而飲，耕田而食，堯帝對我有何功德？”[6]

假作真時真亦假。堯和舜，到底有還是沒有？

部落大聯盟

可以有，也應該有，但要重新解釋。

為甚麼應該有？因為時代需要標誌，需要象徵，需要代表。部落的代表是炎黃，國家的代表是夏啟。二者之間，部落聯盟的時代誰來領銜？只能是堯舜。既然如此，何妨不論真假，權當他們是符號，是代碼？

但，該說明的還得說明。一，黃帝、顓頊、帝嚳、堯，無血緣關係，更不是祖孫父子；二，堯和舜，並非道德高標，只是曾經的存在；三，他倆也不是甚麼天子。天子的概念要到西周才有，目的則是解釋政權的合法性。堯舜時代尚無君主，也沒有"國家"和"天下"的概念，哪來的"天子"？

不是天子，又是甚麼？

部落聯盟的 CEO。

聯盟從黃帝時代就開始了，之前則是戰爭，包括炎帝與黃帝的阪泉之戰，黃帝與蚩尤的涿鹿之戰。這是當時的"第一次世界大戰"。是的，在當時人們的心目中，中華大地就是全世界。遠在天邊的埃及、蘇美爾、哈拉巴等等，並不在我們視野中。

戰爭的結果是聯盟，聯盟的結果是產生了部族。部族是從氏族到民族的過渡階段和中間環節。堯舜之世，就是部族的時代。之後，才變成民族，也就是以禹為始祖的夏族。

《詩經》歌頌禹，並非沒有道理，沒有原因。

但，作為部族時代的標誌，堯舜的意義同樣重大。

意義重大的堯和舜，是部落聯盟的領袖。那時的情況，可能真如郭沫若和翦伯贊先生所說，是"二頭政長"或"二頭軍務"，雙執政制。[7] 換句話說，一個是 CEO（首席執行官），一個是 COO（首席運營官）。開始，堯是首席執行官，舜是首席運營官；後來，舜是首席執行官，禹是首席運營官；再後來，禹是首席執行官，益是首席運營官。等到啟廢禪讓，這個制度才終結。

首席執行官和首席運營官，不一定有血緣關係。堯舜禹，就沒有。他們是選出來的。選舉權，首先在"四嶽"。舜和禹，就得自他們的舉薦。

　　四嶽是誰？《史記》沒說。就連四嶽是一個人，還是四個人，還是許多人，也不清楚。《國語》說是共工的四個從孫，但這是靠不住的。[8] 可能的情況是：當時大聯盟下面還有小聯盟。四嶽，就是小聯盟的 CEO 或 COO。

　　除了四嶽，還有"十二牧"，也就是各大部落的酋長。

　　這些大部落分散在各地，酋長們當然也分散在各地。聯盟有重大事務，才到總部來開會。當然，他們也可能派有駐會的代表。這些代表，也可以叫十二牧。

　　然後就是"百姓"。百姓不是小民，是氏族長。這些氏族都來自母系，因此都有"姓"；數量則很多，因此叫"百姓"。百姓並不一定就是一百個。正如四嶽和十二牧，不一定就是四個和十二個。四、十二、百，只是表明小聯盟數量最少，部落多一點，氏族數量最多。

　　所以遠古的"百姓"（氏族長），其實地位很高，他們後來又叫百官和百工。真正地位低的，叫"黎民"。黎民百姓合為一詞，是很晚的事。

　　也許，這就是堯舜的時代。夏娃時代弱小分散的點（原始群），在女媧和伏羲的時代變成了面（氏族），在炎帝和黃帝的時代連成了片（部落），現在又變成了圈（部落聯盟）。它是生存圈，也是文化圈。大圈子下面是小圈子，即個位數的小聯盟，然後是數以十計的片（部落）和數以百計的面（氏

族）。大聯盟實行雙首長制，首席執行官（CEO）地位略高，
算是老大，或一把手。

　　那麼，誰是老大？誰該當老大，誰又能當老大？

禪讓還是奪權

當老大的事，讓人糾結。

中國人是很在意一把手的。因為長時間的中央集權告訴我們，二把手跟一把手，差的不是一丁點兒；秦漢以後的改朝換代，則不是巧取（宮廷政變），便是豪奪（武裝鬥爭）。一把手的地位，也可以禪讓嗎？

儒家和墨家都說可以，還曾經有過。只不過，後來人心不古，沒了。這是很讓孔孟、墨子，甚至還有道家，痛心疾首的。

但，人心為甚麼不古，又怎麼會不古？難道遠古跟後世，人性是不同的？人就是人。遠古是，現在也是。人性，本善就善，本惡就惡。本善，禪讓制就不會被廢除；本惡，禪讓制就不可能存在。你說哪個是事實？

於是質疑紛起。

　　質疑禪讓制的，古有韓非子、劉知己；後有康有為、顧頡剛。韓非就稱"舜逼堯，禹逼舜"，《竹書紀年》則稱堯被舜軟禁在平陽；康有為說禪讓是戰國儒家的託古改制，顧頡剛則說是儒墨兩家不約而同的偽造。[9] 韓非子甚至譏諷地說：儒也說堯舜，墨也說堯舜，兩家都說自己的堯舜如假包換，堯舜又不能起死回生，請問誰來鑒別儒墨的真偽？

　　嘿嘿，一個堯舜，各自表述。弄不好，都是人造。

　　那麼，舜接班，禹繼位，禪讓還是奪權？

　　禪讓。

　　但也要重新解釋。

　　實際上，部落聯盟的 CEO，跟後世的帝王並不一碼事。

　　他的待遇沒那麼高，權力也沒那麼大。儒墨兩家都說堯艱苦樸素，奉為道德楷模，其實是當時的生活水平有限。就算想擺譜，也擺不起。

　　禪讓也一樣。它不是儒家標榜的禮讓，墨家鼓吹的尚賢，更不是道家主張的無為，而是規矩如此，習慣如此。部落聯盟的首席執行官，最早不過會議的召集人，或者會議的主持人，有甚麼好爭的？

　　就連總部的其他公職人員，比如民政部長契，農業部長棄，司法部長皋陶，文化部長夔，手工業部長義均（又名倕），還有神槍手羿，也都是盡義務。這種風氣或制度直到周代還有，比如各國的大夫都是有領地的，但也都為諸侯的公室服務，同樣是盡義務。

事實上，聯盟的部門負責人，也同時是自己部落的酋長，甚至小聯盟的首席執行官。比如棄，就叫后稷。夔和羿，則叫后夔、后羿。[10] 后，不是前後之後的簡體字。它原本就寫作"后"。但也不是后妃的后，是頭兒、老大、領導人、一把手的意思。

聯盟的部長或內閣成員既然都是"后"，當然有很大的發言權，甚至決策權。比如抗洪總指揮的人選，堯並不贊成鯀。但四嶽堅持，也只好同意，堯老大並沒有一票否決權，儘管堯可能是對的。[11]

相反，如果"嶽牧咸薦"，事情就比較有譜。

顯然，這裏面沒有道德的因素，也不能理解為"民主集中制"。堯成為部落聯盟的一把手，只因為當時堯部落的實力最強。舜和禹，也一樣，後來居上而已。四嶽、十二牧有發言權，則因為他們的實力不容小看。既然誰都吃不掉誰，又要在一起共謀發展，那麼，民主共和，有事好商量，無疑是最聰明的選擇。

因此，歷史的堯舜是存在的，道德的堯舜是人造的。甚麼德才兼備，甚麼高風亮節，甚麼溫良恭儉讓，通通都是扯淡！

禪讓，是不得不讓。

殺機暗藏

不得不讓，也可以理解為"能不讓就不讓，最好不讓"。

但這同樣只能靠實力説話，後起之秀便不得不防。因此，如果某個小弟發展勢頭好，大佬們就會聯合起來，找個茬把他掐死。

堯就幹過這種事，而且幫兇就是舜。

被堯舜剿滅的，是所謂"四凶"：渾沌、窮奇、檮杌（讀如濤誤）、饕餮（饕讀如濤，餮讀如鐵去聲）。[12] 這大約是四個既冒尖又不聽話的部落。由於舜的出手，他們被徹底幹掉或驅逐出境。其中，據説還有黃帝和顓頊的後代。

老實巴交的舜，其實心狠手辣。

被堯舜做掉的，還有共工、驩兜、三苗和鯀，謂之"四罪"。當然，司馬遷的話說得客氣而委婉。他說，流共工於幽陵，是為了"變北狄"；放驩兜於崇山，是為了"變南蠻"；遷三苗於三危，是為了"變西戎"；殛鯀（讀如吸滾）於羽山，是為了"變東夷"。似乎舜下的這些毒手，都不過"和平演變"，甚至是為了別人好。但一個"殛"字，還是露了餡，穿了幫。

剿滅也就剿滅了，過分的是還要妄加罪名。甚麼"不可教訓"云云，簡直就是"欲加之罪，何患無辭"。這，無非是為了表示堯舜發動戰爭的正義性，以便讓他倆高居道德的聖壇。

然而世界上正義的戰爭只有一種，就是反侵略。蚩尤有可能是侵略了黃帝族的。四凶或四罪，侵略了堯舜嗎？沒有。

殺人不過頭點地。謀財害命還要課以大罪名，不帶這麼欺負人的。

倒是《左傳》說得明白：剿滅四凶的結果，是"堯崩而天下如一，同心戴舜以為天子"。這才是一語道破天機。

堯舜的時代，風不平，浪不靜，殺機暗藏。

現在想來，共工、驩兜、三苗、鯀，或渾沌、窮奇、檮杌、饕餮，一定死不瞑目。戰敗的蚩尤成為戰神，受到勝利者的最大尊重，他們卻只能被釘在恥辱柱上遺臭萬年。堯舜的為人和度量，比黃帝差得遠。

一肚子冤屈的，應該還有后羿。

想當年，后羿多帥呀！火紅色的弓，雪白色的箭，這是天地賜給他的。[13] 也許，還應該有虎皮的坎肩，鹿皮的靴子。

那時，天邊血紅的雲彩裏，有十個光芒四射的太陽，如同流動的金球，裏挾着荒古的熔岩上下翻騰。我們的英雄站在那一片焦土之上，彎弓搭箭，九個太陽便應聲落地。散落在天地之間的，是太陽神鳥金色的羽毛；響起在耳邊的，是萬眾的歡呼，包括美麗的嫦娥。[14]

然而后羿的結局卻窩囊透了。天帝翻臉，徒兒反目，老婆叛逃。曾經的英雄，只能窮愁潦倒，不知所終。這可真是"賠了夫人又折兵"。

后羿，為甚麼要射日？

這事如果發生在古希臘，也許會被解釋為一個愛情與嫉妒的故事：月亮神嫦娥偷吃的，並不是甚麼長生不老的仙藥。她的奔月，其實因為偷情。太陽神后羿射殺的，則實際上是他的"情敵"——多餘的太陽。

然而在中國，就完全是另一回事。

死裏逃生

十日並出，其實是堯的焦慮。[15]

焦慮也是必然的。不聽話、不買賬、鬧彆扭的部落太多，還不好對付。比如渾沌，是個裝瘋賣傻的。有人說他就是驩兜，那可是一個人面鳥嘴還有翅膀的怪物。共工則是水神，是火神祝融的兒子，曾經與顓頊爭帝，還一頭撞斷了擎天柱不周山。共工和驩兜又都是聯盟的內閣成員。他倆造反，足夠堯喝一壺的。[16]

何況還有三苗、窮奇、檮杌、饕餮等等，這可真是按下葫蘆起來瓢。

招安多半沒用。那時還不是帝制時代，沒誰能一統天下，也沒誰能君臨天下。拳頭硬的，都可以爭當老大。對付異己的唯一辦法，是剿。大部落和小聯盟，親自出手。小部落和小氏族，就派小弟去做掉。當然，手腳要乾淨。

羿，恐怕就是這樣的小弟和馬仔。被他射下的九個太陽，則很可能是九個或多個小部落。他們可能崇拜太陽神，也可能不崇拜。把他們說成太陽或太陽部落，也可能是打馬虎眼，誇大他們的"罪行"。但他們威脅到堯的江湖地位，則可以肯定。

總之，在剪除異己的戰爭中，羿是堯的馬前卒，也是替罪羊。因為這事做得實在不光彩，不好意思揚鈴打鼓，只能過河拆橋，讓羿去認倒霉。

九個或許多小部落就這樣被消滅了。

死裏逃生的，只有鯀的兒子禹。

禹，也是太陽部落嗎？有可能。夏以太陽為神，就是證明。而且，也許正因為夏人崇拜太陽，那些和鯀一起遇難的族群，便被追認為太陽部落。

但，鯀為甚麼被害，禹又為甚麼逃生？

也只能有一種解釋：他們發展太快。鯀很可能是魚，至少與魚有關，而魚是女性生殖崇拜的象徵。禹則是蟲，是長蟲，也就是蛇，後來又變成龍。龍蛇，是男性生殖崇拜的象徵。鯀生禹，就意味着不但從母系變成父系，還迅速成為部落。當然，他們也可能一直保持着母系的徽號，由鯀氏族而鯀部落，被禹重建後才改姓更名。[17]

總之，這個族群的崛起很讓堯舜頭疼。起先是顧忌和防範，後來便頓起殺心。[18] 終於，鯀被舜處死在羽山，這其實是蓄謀已久的屠殺。當初堯反對鯀做抗洪總指揮，理由便非不懂技術，而是品質惡劣。可見罪名早已羅織，治水不力只是藉口，或雪上加霜。事實上，就算當時有問責制，處分也不必如此之重，何況鯀又何嘗道德敗壞？屈原就說鯀是由於為人耿直，才會死於非命。[19]

鯀，一定是被冤殺的。

被冤殺的鯀死不瞑目。他的屍體三年不腐，新的生命卻在腹中孕育成長。沒辦法，只能剖腹產。結果，一條頭上長角的虯龍騰空躍起，他就是禹。誕生了禹的鯀，則變成黃熊或三足鱉，在羽山或羽水出沒咆哮。[20]

好得很！殺了鯀一個，自有後來人。

不過堯舜的作案過程，都被後世儒生抹去，證據也銷毀得一乾二淨。他們甚至嫁禍於人，說鯀是天帝派祝融殺的，罪名是盜竊息壤。[21] 這種弄巧成拙的故事，使鯀成為普羅米修斯式的英雄。這雖然能告慰英靈，卻不能掩蓋罪惡。謀殺者的歹毒和被害人的冤屈，跳進黃河洗不清。

聯盟的老大不是沒多少權力和油水嗎，犯得着如此爭奪？那是早期，後來就不一樣了。要知道，權力一旦被發明出來，就會自我膨脹；掌握了權力的人則會像鴉片鬼，越吃越上癮。堯就已經有癮。堯用舜二十年，又讓他代理職務八年，直到死前都沒放手，這也叫禪讓？舜的癮更大。如果不是一命嗚呼，才不會交出權力。

看來真相也許是：鯀和禹的族群，掌握了當時最先進的水利技術。這種技術在鯀氏族時代還不成熟，到禹部落時代就遙遙領先。這是讓堯部落和舜部落既羨慕嫉妒又無可奈何的。事實上，在那個時代，誰掌握了先進的技術，誰就代表着先進的生產力和文化，也就能成為世界領袖。後來，掌握了青銅技術的商如此，掌握了農業技術的周如此。此刻，掌握了水利技術的禹，也如此。

冤死的鯀可以瞑目。他的子孫將在那滔天的洪水之中，勃然崛起，巍然屹立。

最後一班崗

現在，禹站到了舜的面前。

治水成功的禹，也許是到聯盟總部來述職的。舜也給他頒發了勳章，是一塊黑色的尖頂石頭。

這幾乎注定是一次尷尬的會見。儘管司馬遷用心良苦，極力營造"溫良恭儉而禪讓"的氛圍，但可惜，這次對話就像唐人羅隱筆下的黃河——"才出崑崙便不清"。舜對禹，並無慰問褒獎；禹對舜，也不歌功頌德。只有新任司法部長皋陶，絮絮叨叨地大講精神文明和道德建設的重要性，結果在禹那裏碰了軟釘子。禹對皋陶道德高調的回答是：你說的這些，只怕堯也做不到吧？

於是舜只好對禹說：你也談點建設性意見嘛！

　　然而禹的回答竟是：我能有甚麼可說的？我每天想的就是“孳孳”，就是孜孜不倦，生生不息。洪水滔天，民不聊生，我只能跋山涉水，訪貧問苦，深入基層，跟益和稷一起，解決人民群眾的溫飽問題。老大！CEO 不好做，總得謙虛謹慎，對得起天地良心才行。[22]

　　那會兒，不知道禹的隨員是否在場。如果在，一定是一排黑瘦的乞丐似的東西，不動，不言，不笑，鐵鑄一般。[23]

　　舜和皋陶的臉上，則不知是何表情。

　　司馬遷講這故事時，已是再三斟酌，修飾潤色，縫縫補補，但還是留下了破綻，雖然只有斑斑點點，幾行陳跡。

　　有兩個細節值得注意。

　　一是會見之後，皋陶立即下了一道命令，要求所有的人都向禹學習，以禹的言行舉止為榜樣，否則就算犯罪；二是辭別之際，舜歎了一口氣說，以後有甚麼意見就請當面講，不要背後嘀咕。

　　西邊的太陽就要落山了，堯舜的時代就要終結。

　　事實上，禹是部落聯盟最後一任首席執行官。在站完最後這班崗後，他的兒子啟便徹底顛覆禪讓制，實行世襲制，建立了中國歷史上第一個國家——夏。

　　禹，是遠古時代的曹操；啟，是遠古時代的曹丕。

　　這其實也是時勢使然。

眾所周知，禹和啟之前，一直有兩個東西在並行不悖地同步發展，並互為因果，這就是財富和權力。這兩個東西，夏娃代表的原始群時代是沒有的。女媧代表的母系氏族時代，開始有了剩餘物資，財產的觀念便悄然誕生。有了財產的權屬，財富的主要創造者男人，就會要求確認父系的繼承權。於是從伏羲開始，母系變成父系，權力也隨之產生。以後的發展，從氏族到部落，再到部落聯盟，權力和財富都越來越多地集中到首長們的手上。終於有一天，他們強烈要求權力也像財產一樣，按照父系的血統來繼承。這就是堯舜禹時代的天下大勢。

制度的革命，勢在必行。

現在，只需要有一個機關，一個稱號，一個名義，一種說法，為新的制度加冕，並蓋上社會普遍承認的印章。

實際上，它也確實被發明了出來。

它的名字，就叫國家。[24]

也就在這時，我們和世界各民族一起，走完了史前時代的共同道路。下一步，將分道揚鑣。

[第一卷 終]

後記

破冰之旅

1. 出發點

2011 年 5 月 12 日，我到上海拜見吳敬璉先生，向他老人家討教一些學術問題。沒想到的是，談到最後，吳先生反過來問了我一個問題：你怎樣保證你說的歷史是真實的？

老先生問得有道理！

據我所知，這也是許多人想問的，而且不難回答。只不過在此之前，必須先弄清楚我們為甚麼要有歷史或歷史學？

這才是根本性的。

是啊，我們為甚麼要有歷史，為甚麼要學歷史、講歷史、討論歷史呢？為了茶餘飯後的談資嗎？有五花八門的野史、段子、道聽途說和流言蜚語足矣，用不着管它是否真實。為了學習權術權謀，處理人際關係，對付張三李四嗎？有《三國演義》之類的玩意也就夠了，同樣用不着管它是否真實。

那麼，為甚麼總會有人，哪怕是一部分人，極其看重歷史的真實性，對正說比戲說更有興趣呢？

也許，追求真實是人的本性。

真相從來就是有魅力的，它滿足的是我們與生俱來的樸素好奇心。這種好奇心就連某些動物都有。比如科考隊架設在北冰洋用來偷拍的攝像機，儘管偽裝成雪塊，也會被北極熊們統統拆掉，因為它們很想知道這東西究竟是甚麼。小孩子會把自己的玩具大卸八塊，也如此。

好奇心是天然的。

事實上，好奇心幾乎是所有文化和文明成果的出發點。

科學是對自然的好奇，藝術是對心靈的好奇，宗教是對歸宿的好奇，文學是對生活的好奇。就連巫術也如此，它是對命運的好奇。

那麼歷史呢？

2. 目的地

表面上看，歷史是對過去的好奇，其實不然。

作為"故事"——已故的事件，歷史就是歷史。你知道也好，不知也罷，正說也好，戲說也罷，它是甚麼樣，就是甚麼樣，並不會因為我們的確知或無知而稍有改變。那麼，又何必一定要知道真相呢？

因為我們就是歷史，歷史就是我們。無論自覺還是不自覺，每個人都生活在歷史當中。我們的今天，對於明天就是歷史，正如此刻是昨天的延續。

了解歷史，是為了看清自己。

這就必須知道來龍去脈。只有知道從哪裏來，才知道到哪裏去。

也就是說，追根尋源，是為了建立文化系統，實現身份認同，找到人生坐標。這是我們的目的地。

何況童年是值得追憶的。沒人不想知道自己是誰生的，家在何處，小時候長甚麼樣，有過怎樣的天真和頑皮。正因為此，本書的第一部便是"中華根"，第一卷則是"祖先"。

找到了祖先，就找到了根本。

但這很難。天上的星星不說話，地下的文物也不說話。

它們集體地保持沉默，共同看守着那亙古的秘密，要到世界末日才會重新咆哮和歌唱。

能幫上忙的，也許只有神話和傳說。

神話和傳說，就是民族的童年記憶。童年的記憶難免模糊，甚至錯亂，何況還會被非法或合法地投放添加劑。於是一片光怪陸離之中，便既有神話和童話，又有鬼話、胡話和謊話。

我們的艦隊，剛剛出發就一腳踏進了北冰洋。

3. 北冰洋

冰塊是兩三千年前甚至更早就結成的，因此，不但"騙了無涯過客"，也瞞過了千萬雙睿智的眼睛。比如女媧和伏羲都"人首蛇身"，甚至是夫妻或兄妹；炎帝姓姜，黃帝姓姬，是因為住在姜水和姬水，等等等等。這些說法基本上被學界普遍認同，很少有人想到其實是謊言。

還有堯舜，也很可疑。

可疑並不奇怪。事實上，任何由文字構建的歷史，都是擁有話語權的人在書寫；佔統治地位的思想，也一定是統治階級的。為了獲得和保有控股權，他們用官方意識形態將神話傳說包裝上市，把史前變成創業板，把先民變成股民。

這就要重新審視，但不意味着全盤否定，更不意味着那些看起來荒誕不經的隻言片語，就一定不靠譜。相反，所有民族的神話和傳說，都是歷史上突出片段的記錄，也都無不隱含着某種文化的秘密和夢想。要知道，神的世界就是人的世界，神的歷史就是人的歷史，是人類自我認識的心靈史。

只不過，雲遮霧障，真偽難辨，語焉不詳。

必須破譯這些"達芬奇密碼"。

實際上，傳說中的神或人，就是一些文化的符號和代碼，是遠古歷史的象形文字。只要抹去神秘的油彩，我們就能打開迷宮，依稀看見一些真實的東西。

是的，依稀。

問題是如何鑒別真偽，完成我們的破冰之旅。拿着一張標錯方向、航道和島嶼名稱的海圖，是找不着北的。

也許，需要導航儀。

4. 導航儀

導航儀有三個：直覺、邏輯、證據。

直覺是必須的，它會告訴我們哪裏不對，哪裏出了問題，或有問題需要研究。這種能力來自天賦，也來自經驗。

比如我的經驗就證明，越是眾人諾諾，越是問題多多。史家認識一致的地方，往往是誤區密集之處。由官方意識形態和國民集體無意識塑造的歷史，未必是本來面目。背後那張臉，也許更真實。

盡信書不如無書，無懷疑即無學問。

　　懷疑、批判、分析、實證，加起來就是科學精神。有此精神，就不會死讀書，也就會有直覺。因此，我在 1988 年讀了趙國華先生的《生殖崇拜文化論》後，便斷定女媧絕不可能是"蛇妹妹"，只可能是"蛙女神"。鯀則應該是禹的"母親"，而不是"父親"。或者說，這個族群經歷了母系氏族、父系氏族和部落三個階段。鯀，是母系氏族時期族群的稱號。它可能延續到部落時期，但最終還是會更換為代表父系的禹。

　　這是可以由邏輯推理來證明的，邏輯決定了所有文化現象和文化模式發生的先後次序。事實上在原始時代，人們都只認識母親，不知父親是誰。世界各民族最早的神，也都清一色是女神。畢竟，所有人都是女人生的。因此男性生殖崇拜一定在女性崇拜之後，然後才可能有圖騰崇拜和祖宗崇拜。既然如此，女媧怎麼可能跟伏羲一樣是蛇？魚崇拜的鯀，跟蛇崇拜的禹，又怎麼可能是父子？

　　邏輯比知識和經驗都重要，也比學術權威的說法更可靠。因為邏輯是公器，不會屈從強權，遷就庸眾，迎合學界，討好媒體。如果直覺與邏輯相一致，結論就不會太離譜。

　　需要的，只是證據。

5. 發現號

證據也有三種。

第一種是民國以來老一輩歷史學家的研究成果。這些老先生往往都學貫中西，兼有清代樸學的功底，近代西學的眼光，許多結論是靠得住的。第二種是比較可靠的歷史典籍，比如《詩經》和《左傳》，但對《尚書》和《國語》就得小心。

最可靠的是第三種，即出土文物和古文字。因為甲骨文和金文，彩陶和青銅器，都不會撒謊，也沒有添加劑。因此，如果前兩種證據與第三種相衝突，必以出土文物和古文字為準。

絕對的真實沒人能夠做到。但有此三招，就可能更接近相對的真實。

必須感謝前輩學人，他們早就發現了古代文獻的可疑之處。必須感謝文字學家，他們早就在揭示古代文化的秘密。

還必須感謝國際關係學院李蓬勃先生，他在我還沒買到《古文字詁林》時，將相關內容拍成照片發到我郵箱，並對我的某些誤解和誤讀進行了糾正。

於是我確認：女媧是蛙，伏羲是羊，炎帝是三皇，黃帝不姓黃。我也有了新的發現，比如炎帝的媽媽是"牧羊女"，黃帝的媽媽是"漂亮妞"，而蚩尤則其實是"蛇災"。這些結

論，都可以從這三種證據那裏得到強有力的支持。正是這些
證據，為我們的發現之旅保駕護航。

北冰洋上，破冰船銳不可當。

它的名字，叫"發現號"。

很好！有直覺、邏輯和證據做導航儀，有前輩學人、歷
史典籍、出土文物和古文字做護駕者，發現號不會變成泰坦
尼克。

6. 處女航

破冰船直抵目的地。

本次航行的目的地是文化系統，以後才是身份認同。

這也是《中華史》前三卷的任務。第一卷《祖先》，建立
史前文化系統；第二卷《國家》，建立世界文明系統；第三
卷《奠基者》，建立中華文明系統。系統建立，坐標就清清
楚楚明白無誤了。

為此，本卷得出以下最重要的結論：從史前到文明，人
類的社會組織依次是原始群、氏族、部落、部落聯盟、國家。
從文化程度看，它們可以稱之為點、面、片、圈、國。

其中，夏娃代表原始群，女媧和伏羲代表氏族，炎帝

和黃帝代表部落，堯舜禹代表部落聯盟，夏商周代表國家時代，只不過分別是部落國家（夏）、部落國家聯盟（商）和國家聯盟（周）。

從氏族，到部落，再到國家，也都有各自的文化標誌。

在我們歷史上，則依次是生殖崇拜、圖騰崇拜和祖宗崇拜。

生殖崇拜和圖騰崇拜是世界各民族都有的，祖宗崇拜則是中國特色。正是它，決定了我們民族今後要走的路。

因此，儘管祖宗崇拜要到第二卷才會講述，中華文明最核心的秘密則要到第三卷才能揭曉，但有此系統，我們的艦隊就算一路凱歌到達了北極。

處女航成功了！

完成了破冰之旅的艦艇，將被開回船塢進行裝修，然後交付諸位使用。至於我們，則將進入下一個航程。

下回我們不坐船，改乘飛機。

註釋

第一章

1. 女媧，始見於《楚辭・天問》，但有名無實。造人的故事，見《太平御覽》引《風俗通義》；補天，見《淮南子・覽冥訓》；安排婚配，見《繹史》引《風俗通義》；人頭蛇身，見王逸《楚辭註》、郭璞《山海經註》；為伏羲之妹，見《路史》引《風俗通義》；為伏羲之妻，見盧全《與馬異結交詩》。

2. 女媧造人時的場景描述，出自魯迅《補天》，原文是：粉紅色的天空中，曲曲折折的漂着許多條石綠色的浮雲，星便在那後面忽明忽滅的眨眼。天邊的血紅的雲彩裏有一個光芒四射的太陽，如流動的金球包在荒古的熔岩中；那一邊，卻是一個生鐵般的冷而且白的月亮。然而伊並不理會誰是下去，和誰是上來。

3. 女媧是蛙，此說受趙國華先生影響。我在 1988 年讀了趙先生的《生殖崇拜文化論》後，就斷定女媧絕不可能是"蛇妹妹"，只可能是"蛙女神"。

4. 伏羲，又叫伏戲、庖犧、宓義、虙羲。被明確看作神農之前的聖王，始於《戰國策》。他可能是雷神之子，見袁珂《中國古代神話》。又，《文選・洛神賦》註稱洛神宓妃即伏羲之女。

5. 媧的讀音，《漢語大字典》稱："《廣韻》古華切，平麻見。又古蛙切，《正字通》音蛙。歌部。"有人說媧要讀蝸，因此女媧是蝸牛。實際上，蝸牛的蝸，古音也是"古華切，平麻見。又古蛙切。歌部。"跟媧的讀音一樣，也是"呱"。為此，我請教了李蓬勃先生。李先生答：媧和蝸，聲符相同，古音也的確相同（見母，歌部），但沒有意義上的關聯或文字通用的證據。如果"讀如"只是標音，無誤；若是探求語源或通假，無據。

6. 上帝造人，見《聖經·創世紀》。

7. 《楚辭·天問》："女媧有體，孰制匠之？"

8. 伊甸園的故事，恐怕是一個"驚天疑案"。疑案的背後，是上帝的良苦用心；而勘破此案，則需要人類的卓越智慧。這就只能另案處理，再寫一本書來討論。書名，也許就叫《上帝的預謀》。

9. 關於人類為甚麼成為"裸猿"，科學界有多種說法，比如"幼態延續"（黑猩猩的幼崽無毛）、"信號識別"（把自己跟其他猿類區別開來）、"貪圖涼快"（走出濃蔭覆蓋的森林後，類人猿為了防止中暑）。此外，還有說是因為烤火，因為擔心吃飯時把身上弄髒，害怕長寄生蟲等等。詳見莫里斯《裸猿》。

10. 關於人類無毛和性感的論述和證據，均參見莫里斯《裸猿》。

第二章

1. 史前人類鍾情母親形象，見雷·肯拜爾等《世界雕塑史》。

2. 摩爾達維亞在東歐，位於喀爾巴阡山和普魯特河之間，包括今羅馬尼亞東北部、摩爾多瓦、烏克蘭的局部地區。關於"白夫人"塑像的情況，見戴維·李明《歐洲神話的世界》。

3. 對死亡的恐懼是人類最普遍最根深蒂固的本能，見卡西爾《人論》。意識到死亡是人類進化的最早成果，見卡爾·薩根《伊甸園的飛龍》。

4. 對原始人類的死亡情況，已無法統計和描述。就連許多有着高度文明
   的古老民族，比如瑪雅人，比如三星堆文化的創造者，都莫名其妙地
   人間蒸發。那些手無寸鐵的原始民族，恐怕更加朝不保夕。

5. 人類最早的神是女神，為考古學家和神話學家們所熟知。直到希臘時
   代，女神仍有重要地位。古希臘神話中，有大量女神，如天后赫拉、
   冥后珀爾塞福涅、灶神赫斯提婭、大地女神蓋婭、愛與美神阿芙洛狄
   忒、智慧女神雅典娜、月亮女神阿爾忒彌斯、青春女神赫拍、勝利女
   神尼姬、正義女神忒彌斯、記憶女神摩涅莫緒涅、豐產女神德墨忒爾、
   海洋女神歐律諾墨等。但在我們民族，主神中的女神只剩下女媧，其
   餘為次神，甚至妖。

6. 米諾斯文明，也譯作彌諾斯文明，是愛琴海地區的古代文明，出現
   於古希臘邁錫尼文明之前的青銅時代，約存在於公元前 3000 年至前
   1450 年。該文明的發展主要集中在克里特島，突出特點是崇拜女神而
   非男神。關於那位把蛇高高舉起的女神，見戴維・李明《歐洲神話的
   世界》。

7. 關於彩陶紋飾中的魚和蛙，見鄭為《中國彩陶藝術》。

8. 魚是女陰的象徵，蛙是子宮的象徵。女性生殖崇拜的象徵還有花，均
   見趙國華《生殖崇拜文化論》。實際上，花就是植物的生殖器，果則是
   植物的後來人。所以 "姑娘好像花一樣"：含苞欲放是新婚之夜，豆蔻
   年華是待嫁之時，大多數動物的發情期則在春暖花開時。

9. 太陽神和月亮神的性別，世界各民族並不完全一樣，這裏暫不討論。
   伏羲捧日、女媧捧月的畫像，見聞宥《四川漢代畫像選集》第四十四圖。

10. 羲和，見《山海經・大荒南經》；常羲，見《山海經・大荒西經》。

11. 帝俊就是帝嚳，甚至是舜，見袁珂《中國古代神話》。

12. 大地在中西方都是女性的，比如希臘的蓋婭和中國的坤卦。

13. 趙國華先生《生殖崇拜文化論》認為，蟾字轉音，就是嫦，即 "嫦娥"。
    蜍字轉音，就是兔，即 "玉兔"。但嫦娥本名姮娥。因為避漢文帝劉恒
    的諱，才改為嫦娥。趙説似可商榷。

14. "男女雜遊，不媒不聘"，見《列子・湯問》；"但知其母，不知其父"，
    見《白虎通・號篇》。

第三章

1. 蛇和鳥，都是男性生殖崇拜的象徵，見趙國華《生殖崇拜文化論》。鳥成為象徵物，是因為有蛋（卵）。原始人看見雛鳥從鳥蛋中孵出，嬰兒從胞衣中產出，便覺得人類自己，沒準也是卵生。何況做愛的時候，男人的睾丸會收緊，提上去。這就難免讓人誤以為，新生命就是睾丸裏的蛋進入了女人的子宮。於是得出結論：誰的蛋多，誰就最有生殖力。何況鳥的頭頸，一會兒伸出來，一會兒縮進去，一會兒昂起來，一會兒垂下去，也很像陰莖。這又是一整套系統。

2. 金烏三條腿，是因為兩腿當中，還有一根陰莖。

3. 實際上，祭的字形就是"以手持肉"（許慎《説文解字》），當然是請神吃飯。

4. 在原始時代，發展生產力只能主要靠男人。依照《易‧繫辭下》的説法，其中的傑出人物或氏族代表，前有"作結繩而為罔罟，以佃以漁"的伏羲，後有"斲木為耜，揉木為耒"的神農。罔罟就是獵具和漁具，耜耒則是農具。發明製造罔罟和耜耒是工匠，以佃是獵手，以漁是漁夫，使用耜耒則是農民。由於這時已經有了畜牧業，他們還可能是牧人。

5. 伏，甲骨文上面是人，下面是犬。許慎《説文解字》稱"從人從犬"，戴家祥稱其意義乃由"伏伺"而"俯伏"而"隱伏"（《金文大字典上》）。

6. 六字真言"唵嘛呢叭咪吽"可譯為"神，紅蓮之珠，吉"，見趙國華《生殖崇拜文化論》。蒂就是帝，古文字寫成▼或▽，郭沫若認為是整朵花，見《釋祖妣》。

7. 禮起源於祭祀，已成為學界共識。禮字上半部，是一個盛放了玉的器皿，即王國維先生所謂"盛玉以奉神人之器"（《觀堂集林‧釋禮》）。郭沫若先生説得更明確，道是放了"兩串玉具"（《十批判書》）。

8. "三人操牛尾，投足以歌八闋"的"葛天氏之樂"，見《呂氏春秋‧古樂》。

9. 關於原始歌舞和腰飾，請參看格羅塞《藝術的起源》。

第四章

1. 炎帝是伏羲的接班人，據清代吳秉權《綱鑑易知錄》："炎帝以火德代伏羲治天下，其俗樸，重端愨，不兮爭而財足，無制令而民從，威屬而不殺，法省而不煩，於是南至交趾，北至幽都，東至腸谷，西至三危，莫不從其化。"

2. 炎帝即神農，見《淮南子・時則訓》高誘註："炎帝，少典之子，號為神農，南方火德之帝也。"

3. 炎帝與黃帝同時，見《繹史》卷五引《新書》："炎帝者，黃帝同母異父兄弟也，各有天下之半。"

4. 三皇五帝是編出來的，見顧頡剛《中國上古史研究講義》。

5. "五帝三皇神聖事，騙了無涯過客"，見毛澤東《賀新郎・讀史》。

6. 關於三皇的説法有：天皇、地皇、泰皇（《史記・秦始皇本紀》），天皇、地皇、人皇（《史記・補三皇本紀》），伏羲、女媧、神農（《風俗通義・皇霸》引《春秋緯運斗樞》），伏羲、神農、祝融（《白虎通》），伏羲、神農、共工（《通鑑外紀》），燧人、伏羲、神農（《風俗通義・皇霸》引《禮緯含文嘉》）。後四種，都有伏羲和神農。

7. 炎帝是牛，見《繹史》卷四引《帝王世紀》："炎帝神農氏人身牛首。"

8. 炎黃的姓，見《國語・晉語四》："昔少典娶於有氏，生黃帝、炎帝。黃帝以姬水成，炎帝以姜水成。成而異德，故黃帝為姬，炎帝為姜。"

9. 《國語》所説史實的可信程度相當於《三國演義》，見顧頡剛《中國上古史研究講義》。

10. 姜姓是西戎羌族的一支，後來因遊牧而進入中原，見范文瀾《中國通史》。

11. 羌是"西戎牧羊人"，見許慎《説文解字》。

12. 伏羲是東方夷族還是南方蠻族，學術界有爭議，這裏不討論。

13. 關於狄俄尼索斯的三個形象及其傳説，請參看弗雷澤《金枝》。

14. 最古老的姓都是母姓，也都從女，比如姜（炎帝）、姬（黃帝）、姚（舜帝）、媯（舜的後代）、姒（夏族）、娀（高辛之妃，商族之母），都是。此外，還有一些後繼乏人鮮為人知的，比如妫、如、好、妙、妊、妞、媿、嫪，也是。

15. 圖騰（totem）本是北美洲奧傑瓦人的語言，意思是"他的親族"。圖騰制度和圖騰崇拜的基本教義，是堅信族群的所有成員，無論血緣親疏，都有一個共同的祖先。這個共同祖先是男性的，卻又不是人。它們大多是動物，少數是植物，極少數是自然現象。但無一例外，既神聖，又神秘。

16. 除了"鳥啄魚"或"鳥銜魚"圖案，戰國時期的青銅器上其實是有"蛇蛙紋"的，但似乎"和平共處"。後來，就發展為雌雄同體的"玄武"。玄武不是龜蛇合體，而是蛙蛇合體，見趙國華《生殖崇拜文化論》。

17. 關於經濟的變化引起社會的變化，導致母系變成父系，女性遭遇世界性和歷史性的失敗，以及"雄性的嫉妒"會破壞"共居生活的群"，請參看恩格斯《家庭、私有制和國家的起源》。

第五章

1. 黃帝出場的描述，見《韓非子‧十過》。

2. 劉邦的話，見《史記‧封禪書》。

3. 黃帝號軒轅氏，是因為住軒轅丘，見《史記‧五帝本紀》司馬貞《索隱》引皇甫謐。

4. 埃及和中美洲的馬車，見夏鼐《中國文明的起源》。

5. 炎黃相距五百年，見《史記‧五帝本紀》司馬貞《索隱》引皇甫謐《帝王代紀》。

6. 古者姓以表所生之族，氏以表所居之地，見馬敍倫《說文解字六書疏證》卷二十四。

7. 馬敘倫稱"姬姓疑蓋本為牧雞之族",見《讀金器刻辭》卷下。

8. 姬的甲骨文字形,是一名女子跪坐席上,面對一個疑似箆子或梳妝台的東西,見《古文字詁林》第九冊所引于省吾、徐中舒;該女子正在理順頭髮,或佩戴飾物,見《古文字詁林》第一冊所引葉玉森、王獻唐。

9. 姬與婔通用或連用,見朱歧祥《殷墟甲骨文字通釋稿》。

10. "我姬氏出自天黿",見《國語·周語下》。

11. 黃帝號稱軒轅,是因為發明了軒冕,見《漢書·律曆誌下》:"始垂衣裳,有軒冕之服,故天下號曰軒轅氏。"

12. 黃帝"垂衣裳而天下治",見《易·繫辭下》。

13. 蚩尤號稱"兵主",在封禪大典中第三個被祭祀,見《史記·封禪書》。

14. 黃帝以蚩尤像鼓舞士氣,威懾敵人,見《史記正義》引《龍魚河圖》:"黃帝遂畫蚩尤形象以威天下,天下咸謂蚩尤不死,八方萬邦皆為彌服。"

15. 蚩尤是九黎族部落的酋長,見《史記正義》引孔安國註。

16. 蟲、它、蛇,古為一字,見羅振玉《增訂殷墟書契考釋》。蚩是"蛇咬腳",見周策縱《説"尤"與蚩尤》,徐中舒《甲骨文字典》。

17. 尤物與狐媚、虎威同,見陳獨秀《小學識字教本》。

18. 蚩尤的形象,見《太平御覽》引《龍魚河圖》,任昉《述異記》。

19. 關於黃帝與蚩尤戰爭的四種説法,分別見《史記·五帝本紀》、《逸周書·嘗麥解》、《山海經·大荒北經》、范文瀾《中國通史》。

20. 蚩尤請風伯雨師作大風雨,見《山海經·大荒北經》。指南車,見《太平御覽》引《誌林》。天遣玄女下授黃帝兵信神符,制伏蚩尤,見《史記正義》引《龍魚河圖》。

21. 蚩尤死後,身上的木枷化作楓林,見《山海經·大荒南經》郭璞註。

22. 戰敗後的繼任蚩尤擔任黃帝的"總參謀長",見《史記正義》引《龍魚河圖》:"帝因使之主兵,以制八方。"

23. 蚩尤餘部被稱為"黎民",見范文瀾《中國通史》。

24. 龍的形象早已出現,見干振瑋《龍紋圖像的考古學依據》,陸思賢《神話考古》，王先勝《黃帝部落的圖騰是甚麼》。例證有：距今一萬年的山西吉縣柿子灘龍紋岩畫，距今六七千年前的趙寶溝文化鳥首龍、鹿首魚尾龍、豬首牛角龍，濮陽西水坡仰韶文化鱷魚龍，紅山文化綜合了熊、豬、馬、蛇等形象的玉龍，內蒙古清水河出土廟底溝類型巨型魚龍夯土雕像，四千多年前陶寺文化的蟠龍，二里頭文化一首雙身龍紋陶片，商代接近於紅山文化的玉豬龍。

第六章

1. 對堯舜的質疑，早已有之，見顧頡剛《中國上古史研究講義》。

2. 顓頊半人半魚，見《山海經·大荒西經》；皋陶鳥嘴，見《白虎通·聖人》；馬嘴，見《淮南子·修務》；帝嚳鳥頭猴身，夔是獨腳神牛，均見袁珂《中國古代神話》的考證。

3. 許慎《說文解字》："鯀，魚也"；"禹，蟲也"。孫詒讓稱"禹為蟲名，則亦當象蟲形"；高鴻縉稱"禹為多足之蟲"；陳邦懷稱"字象爬蟲之形"，均見《古文字詁林》第十冊。

4. 堯的姓，也是糊塗賬。作為黃帝的五世孫，應該姓姬。司馬貞《史記索隱》說他姓伊祁，則堯應該叫"伊祁放勳"。這是中國人還是日本人？

5. 堯過的日子連門房都不如，見《韓非子·五蠹》。

6. 壤父的話見《高士傳》。

7. 郭沫若和翦伯贊的說法，分別見郭沫若《中國古代社會研究》、翦伯贊《中國史論集》。但郭說堯舜是"以母系為中心的社會"，則可以商榷。

8. 四嶽是共工的四個從孫，見《國語·周語下》。

9. 韓非的說法，見《韓非子·說疑》和《韓非子·顯學》；康有為的說法，見《孔子改制考》；顧頡剛的說法，見《與錢玄同先生論古史書》和《禪讓傳說起於墨家考》。

10. 夒叫"后夒"，羿叫"后羿"，見《左傳‧昭公二十八年》。

11. 堯反對鯀治水，見《史記‧五帝本紀》。

12. 關於"四凶"，見《左傳‧文公十八年》、《史記‧五帝本紀》。

13. 后羿的弓箭，見《山海經‧海內經》。

14. 有學者認為，后羿射日的故事應該產生在夏代，或者殷商。夏王是稱為后的，比如夏后啟。夏后以太陽自居，夏曆以天干紀時。天干十個字（甲乙丙丁戊己庚辛壬癸），正是"天有十日"的意思。何況當時人們詛咒夏后桀的民歌，歌詞也是：你這該死的太陽甚麼時候完蛋，我願跟你一起滅亡！見謝選駿《空寂的神殿》。

15. 堯之時，十日並出，見《淮南子‧本經》。

16. 渾沌即驩兜，見《史記正義》；驩兜人面鳥嘴還有翅膀，見《山海經‧海外南經》；共工是水神，曾與顓頊爭帝，見《左傳‧昭公十七年》；共工是火神祝融的兒子，見《山海經‧海外南經》；共工和驩兜同事，見《史記‧五帝本紀》。

17. 鯀是魚，見許慎《說文解字》；禹可能是蜥蜴，見趙國華《生殖崇拜文化論》；禹從鯀的肚子裏生出，見《楚辭‧天問》、《山海經‧海內經》；剖腹產，見《山海經‧海內經》註引《開筮》；禹頭上長角，是一條虯龍，見楊寬《中國上古史導論》、袁珂《中國古代神話》。

18. 舜以治水不力的罪名殺鯀，見《史記‧夏本紀》。

19. 屈原說鯀因耿直而死於非命，見《楚辭‧離騷》。

20. 鯀變成了黃熊或三足鼈，見《左傳‧昭公七年》及註。

21. 鯀為祝融所殺，見《山海經‧海內經》。

22. 禹和舜、皋陶的對話，見《史記‧夏本紀》。

23. 關於禹之隨員的描寫，見魯迅《理水》。

24. 關於國家誕生的描述，請參看恩格斯《家庭、私有制和國家的起源》。